致青年教师的信

于洁 李润于 —— 著

For
young teachers

长江出版传媒 | 长江文艺出版社

图书在版编目（CIP）数据

致青年教师的信 / 于洁，李润于著． -- 武汉：长
江文艺出版社，2020.8（2024.6 重印）
（大教育书系）
ISBN 978-7-5702-1513-3

Ⅰ．①致… Ⅱ．①于… ②李… Ⅲ．①青年教师－师
资培养－研究 Ⅳ．①G451.2

中国版本图书馆 CIP 数据核字（2020）第 065543 号

责任编辑：马　蓓　　　　　　　责任校对：毛季慧
封面设计：壹诺　　　　　　　　责任印制：邱　莉　　王光兴

出版：长江出版传媒｜长江文艺出版社
地址：武汉市雄楚大街 268 号　　　　邮编：430070
发行：长江文艺出版社
http://www.cjlap.com
印刷：武汉中科兴业印务有限公司

开本：720 毫米×970 毫米　　　1/16　　印张：16　　插页：1 页
版次：2020 年 8 月第 1 版　　　2024 年 6 月第 6 次印刷
字数：192 千字

定价：39.80 元

序：年轻教师别慌张

于洁工作室有个对外公开的 QQ 邮箱，里面常收到来自全国各地的年轻教师们的求助。每一封信都充满了焦虑与无助。

当我组织工作室成员们在第一时间一一回复的时候，我开始琢磨如何帮助年轻教师们克服职业上的慌慌张张。

来看看小霜老师的求助信：

> 我刚工作就要做班主任了，心里很不情愿。
>
> 现在我对学生座位安排就充满疑惑，想请教。
>
> 我想采用最为传统也比较公平的方式——按身高排座位的方式来排新生的座位。但这种方式可能只适用于一时（开学之初），后期如果有家长要求换座位，或者因讲话问题班主任主动换座位，那会发生座位调动。这些问题如何来处理呢？怎样才能提前预防因座位安排不当出现的问题？
>
> 我想让学生一个人一个座位，这样可以有效安排考场，组织随堂测验和默写，也可以有效防止纪律问题。但是学生班容量比较大，教室有点小，可能会阻碍这种一人一座的安排方式。早期的实习也没有涉及这方面的经验传授，所以我对这方面的困惑也比较大。

我的工作室成员徐文强从教六年，担任了六年班主任，主动要求回复小霜老师：

　　刚踏上工作岗位那会儿，我同你一样，是很抵触做班主任的。学校给我安排班主任工作时，我也怕，怕带不好班级被领导同事批评，怕花费精力太多自己太吃苦，怕出了问题学生家长找我麻烦。

　　青年教师不想做班主任，很大程度是源于克服不了对自己不熟悉、没把握事务的恐惧感。所以你就会看到，积累了经验的老教师总能气定神闲地应付好班主任工作。

　　就拿您关心的换位置来说吧。不管您想采用高个矮个排序法，还是单个座位法，我都建议您大胆放手去试试看。我也曾把我构想的位置方法，多次实践在课堂中，马上出现这样的情况：有家长托领导向我打招呼，把自己家个子很高的孩子放第一排；有家长偷偷投诉举报我歧视他们家孩子；也有家长在班级群里公然顶我，说我换位子怎么怎么不好……所以小霜老师您看，不管您用什么位置安排法，最后总有那么几个家长会不满意。

　　既然"好好先生"是做不来的，那就放开心手去做，去尝试。您想试按身高来排位置，那就这样来，您自己心里的选择一定是过了好几遍，其利必大于弊的，不要总担忧那几个家长不满，用剩余的几十个家长的满意来宽慰自己，这样您就踏出了尝试的第一步。您想一人一座，那就这么来，出了问题正好锻炼自己想个办法来解决。做班主任，做任何事，只有跌了几个筋斗才晓得路怎么走顺溜。

　　成功有成功的办法，失败有失败的经验。我这里真诚地对您说，您首先得什么事都去试试，才能找到最得心应手的。当您把您脑子中构思的方法付诸实践后，一定记得要记录下来，怎么安排位置的，遇到什么困难了，又有什么成效了。这些东西远比一个构思，一个办法有价值得多。慢慢你就会发现，有了这些东西，才会有老教师的云淡风轻，才会有名班主任的游刃有余。这些东西叫"反思"，是您想要做好班主任的最直截了当，最行之有效的法宝。

安排座位您有反思记录，新生开学您有反思记录，班级管理您有反思记录，处理危机您有反思记录……等您习惯于反思记录了，那时候您将不会畏惧于做班主任。那时候的您会翻翻自己的记录，哦，这个问题我碰到过，当时我这么做很顺当，这次依样画个葫芦；那时候您会想想上个学期开学我漏掉了什么关键工作，结果让我手忙脚乱，这个学期我就能把窟窿补上。

真诚地希望您能在将来的工作道路上"敢于尝试、勤于反思"。祝您工作顺利！

文强的回复让我很感慨，他进入于洁工作室两年来，从一开始的焦虑不自信到现在的笃定自信，他的进步有目共睹。

也许是因为他也曾经有过求助者小霜老师的经历，所以他的现身说法对小霜老师非常有效，我们很快收到了小霜老师写来的感谢信。

在求助与答复中，我清晰地看到了年轻教师们因为内心慌张而对即将第一次要做的事情茫然失措，一个个假想出来的困难把自己吓坏了。

如果我们这些老教师对菜鸟们说："别慌张，跟我来！"从慢慢带着一步一步走，到慢慢放手自己走，到走出自己的自信自己的风采，是菜鸟飞翔的必经之路。

而在另一封求助信中，我又发现了年轻教师成长需要的重要东西——脚踏实地。

小宸老师求助：

开学没几天我就发现，学生常常在主课老师的课堂上纪律严明，在副科老师的课堂上则较为散漫，甚至会不尊敬副科老师，我多次批评呵斥那些违纪学生，都没啥效果。请问怎么办才好？

于洁沙龙成员，已经工作了20多年的甘肃省金昌市金川区八冶一小的李艳老师，很快答复了这个问题。

　　这种情况，任何一个学校都存在，如果遇到，千万不要焦虑，千万不要用怒喝解决问题，只有静心分析思考才能找到适切的方法。

　　我的经验是：在新接班的开端和新学期的开学，一定要抓好每个第一件事。

　　1. 第一次见面。在第一次报到注册时，我们会见到班级所有的学生，此时要观察找出最不同的那个——爱说好动、胆子大的学生，有意了解他的爱好，揣摩他的心理，要么顺其爱好，使他为班级做事，要么让他成为你的粉丝，忠诚执行班级规则。处理好这类学生，将来班级中会少个刺儿头，为今后的纪律减少麻烦。

　　2. 第一次班会。明确班规，制定班级纪律以及惩罚措施。制度在前，说理在前，即使今后有违纪者也能有据可依，或者遇上难缠的家长也有理有据。

　　3. 第一次班干部告状。面对班干部对违纪者的告状，班主任首先要在全班面前坚决相信班干部，以此树立他们的威信，明确在班里表示："老师不在，班干部代表老师，要以他们的管理为准。"这样做的目的就是让班干部充分发挥作用，而不是凡事靠班主任。当然，如果班干部有误，可在私下里指导帮助他提高管理能力，学会灵活运用方法。

　　4. 第一次违纪处理。班规既定，遇到第一个违纪者一定要严肃处理，让学生看到老师说一不二，没有宽缓之说，感受到班规纪律的权威。当然，第一次处理不打无准备的仗，要于无声中对视，让他心虚；要让他大声反复读班级纪律要求；要细心了解违纪的表现、原因，分析心理、后果；要在全班展开批评与自我批评，严重者可写检查或保证书；要让全班学生都参与到教育之中，给违纪者写写小字条"我眼中的×××……"，谈谈自己的认识，既教育同学又教育自己。

　　5. 第一周跟班。开学后第一周跟班，勤查勤转很重要。不论是不是自己的课，都要去班里看看。课前盯着学生做好准备等待任课老师，课中在教室外查看一次，（提前告诉学生：我不管你之前守不守纪律，但在我随机查看时第一眼看到不守纪律的就一定要严肃批评。）课后与任课教师在教室门口交流一会儿。虽然还要跟操、跟卫生、跟自习，的确很累，但是这样一课三查看，会让学生尽快进入新学期的学习状态，也让他们看到班主任与任课教师的紧密联系而不敢违反纪律。

开学初，所有的第一次都很重要，班主任一定要充分预设这些第一次，做好应对准备，以期达到最优的效果。开学第一周的纪律要求、处理态度也基本决定了一个班级一学期的纪律状态，一定要慎之细之。

如果当一切步入正轨，还会出现副课上不守纪律的现象，无外乎三方面原因：一是学生没有养成良好的纪律习惯，没有良好的班风；二是副科老师自身的问题，如讲课不吸引人、不负责任等；三是班里有带头闹事的"孙猴子"。那么，我们就要针对情况去分析是哪方面的原因。班主任要不怕耽误时间开好班会，做好班级的正确导向，也要学会与任课老师沟通，改善师生之间的关系。良好班风往往会影响学生不断积极向上，与任课老师的和谐沟通也会让其他老师喜欢本班学生。至于班里的"孙猴子"，没有一蹴而就的办法，要做好长期斗智斗勇的心理准备。所以，一个班主任，其实引导着一个小社会的风向，其方法、态度和行为很重要。

没有哪种方法是永远正确的，也不能一种方法去解决所有班级的纪律问题。走进学生心里，因材施教，也许是最好的办法。去热爱教育吧，热爱是解决问题最有效的办法，因为它能让你善于思考、乐于钻研，助你找到打开学生心锁的钥匙！

李艳老师虽然是个老教师，但是并没有因为经验足够了就有丝毫懈怠，而是脚踏实地一步一个脚印地管理班级。相反，一些年轻教师倒是有点眼高手低，想得多，做得少；粗线条多，细节性少。

这两封求助信和两封答复信，给了我很大的启发：年轻教师经验不足，固然要手把手带，但年轻教师更需要踏踏实实去观察学生、研究学生、记录学生。只有做了才会真正看到事情的细枝末节；只有记录下来了才会反思自己的做法是否得当。

当我的儿子李润于也走上教师岗位开始教育教学时，我们娘俩商定了一件事情：儿子负责记录学生、记录自己的做法和产生的困惑，老妈负责用自己的经验和教训提供解决问题的思路和做法以供参考。

李润于遇到的问题和困难，是比较有共性的，也是很多年轻教师面临的难题。当我们娘俩在《班主任之友》上开始连载的时候，很多年轻教师留言，说他们只要看到微信公众号这个专栏的更新就会马上打开看。这给了我们娘俩很大的鼓励。

李润于和我在一问一答的过程中也常因为工作和生活上的琐事缠身导致时间有限，有过懈怠的念头，但每次看到年轻教师们真诚的期待，我们就咬着牙坚持了下来。

长江文艺出版社马蓓编辑极有敏锐性，她意识到这些书信的意义，鼓励我们娘俩坚持你问我答，这一坚持，就有了44封书信。在《班主任之友》上连载的这些信，不仅仅是母子的交流，更是一个年轻教师与一个已经工作了近30年的老教师的真诚沟通，并最终成就了《致青年教师的信》这本书。

如果你正年轻，刚走上工作岗位，捧起这本书，也许会在书中找到自己的影子；

也会在书中慢慢明白生源就是你的资源，难题就是你的课题，不知不觉中有了一颗笃定的心。

如果是这样，我们将特别开心。

目　录 | CONTENTS

遇到调皮的学生怎么办

○ 面对调皮的学生，在课堂上老师既要眼中有他又要眼中无他。

新手案例

每个班级都有一个"小皮"

"每个班级都有一个'小皮'，并且很调皮捣蛋。"这是我读书 19 年总结的一条经验。

工作第一年第一天，踏进班级，第一眼就看到了他。"小皮"，我心里喊道。

初一进来时的摸底测验让我对班级的学生情况有了些许了解，"小皮"三门功课的成绩排在末尾，加起来不超过 100 分。

别以为这样的成绩会让他觉得自卑，开学第一天，他就非常自来熟地靠过来，笑嘻嘻地自带口音喊我"捞拾"（老师），我还以为这是他的口音，后来才知道这只是他出于有趣的心理。"这孩子看起来不呆嘛。"第一印象还不错，能打趣，不怕生，可能只是成绩不太好。

班主任将他的位置安排在最末尾。第一节语文课，我有个四人小组讨论的环节，学生只需稍稍将身体和凳子挪一挪，就能很好地开展讨论。谁知讨论刚开始，'小皮'就兴奋地"鹤立鸡群"了。他站在过道上和前面的男孩打打闹闹，我甚至有种这是下课的错觉，上前质问他为什么站起来，为什么不好好讨论，他竟然笑嘻嘻地对我卖萌，搞错没有？我生气地冷下脸来一声不响看着他。

看我很冷漠，他悻悻地回去坐在位置上，也不拿书，只是发呆看着我。"这孩子……"我决定再观察会儿，尽量不影响到其他同学的听课。尽管我上课讲得眉飞色舞，他都不为所动，书不翻，笔记也不记，一节课就这么被他发呆浪费了。一下课，他就显得很激动，开始活跃起来。

之后的每次自习课，只要是我看班，他都会和周围的同学弄出点动静，制止了才歇停一会儿。他喜欢上厕所，喜欢讲话，喜欢"搞混"（和同学小打小闹），似乎是个混世魔王，其实，别的同学也不怎么待见他。

我和正班主任商量了一下，让"小皮"每两节课下课来我办公室，看看我有什么东西要带到班级，或者要喊同学来我办公室订正、重默。他很兴奋，而且他挺守约的，我也尽量不让他无功而返，课代表也省了心，也创造了更多的机会让他和同学交流。慢慢地他上课不怎么弄出动静了，只是自习课依旧喜欢讲话，经常被我批评。

上完一节课，他就会凑上来问一个问题，似乎对每个老师都这样，用班主任的话说，是想到一个问一个，问的问题也千奇百怪，和学习丝毫沾不上边。也许是我年轻的缘故，或是他觉得我和他投缘，他竟然还会和我小打小闹，拉着我的胳膊或者摁着试卷不放想让我留在教室，仿佛和我是好朋友，真是幼儿园孩子一般，让我又气又好笑。

有一次他跑到办公室来，有点生气地说我打他的小报告，因为我下课的时候他在教室里尖叫，纯粹的无聊，我就说了他几句并且告诉了班主任。他说完后似乎很生气的样子，头缩着，两手大摇大摆，脚步也如同一只负气的鸭子，就这么走出了办公室。

我好笑地看着他的背影，他又回头，问我有没有东西要带到教室，我笑着和他说："你放学之后来我办公室。"放学了，他诚惶诚恐地来到我办公桌旁边。我不动声色地右手批作业，左手悄悄拿出一块巧克力给他。他紧张的表情瞬间变得很轻松，屁颠屁颠地和我打了招呼回家。

这次的单元考试，他的考卷是 0 分，我很生气。他的作文只写了一行字，前面只写了选择题，而且一个也不对。在我誊写成绩的时候，他站在我旁边，默默地看着，经过一番忸怩，他问我能不能不要告诉他的家长，我侧头反问他：那你为什么考试不考、上课不听呢？他无言，随便找了个借口说自己没准备好，然后跑开了。

讲试卷的时候盯着他，他才肯记上几笔，其实他的字不算难看，至少看得清，只是他不想写，或者是不肯动脑筋，交上来的抄写作业，不算工整，但至少字迹清楚。

写完这些，眼前浮现他卖萌的样子，拽着我胳膊想和我玩一会儿的样子，诚惶诚恐的样子，默默无语的样子……

于洁的建议

眼中有他，眼中无他

我曾用两年的时间千辛万苦改造了一个"小皮"，某些方面和文中的"小皮"有相似，只是成绩虽然差还不至于考零分，看来你要走的路比我艰难一些。

遇到这样的学生，也是一种缘分。一个班级里，总有聪明乖巧轻松考高分的，总有成绩差行为差让人操碎心的。有了一定的思想准备，心态就平衡很多了，只能慢慢来。

很高兴，你能带着又好奇又好笑的心情观察这个学生。不知道他究竟生活在一个怎样的家庭里，父母对他究竟有怎样的要求和期待。他的小学六年是如何走过来的，是否曾经受过很多的白眼。令人高兴的是他似乎还保持着一颗单纯快乐的心，开心就笑，不开心也能诉说，这样的状况总比闷在心里傻呆呆的好。

要赞扬你的是你善待了这个孩子，而没有去厌恶他。该批评的时候批评，该宽容的时候宽容。还能看到他好动活跃的一面而去任用他，化负能量为正能量。另一方面因为他毕竟生活在一个集体中，我们也不能所有事情都特殊对待。在纪律和学习上还是要有所要求的。我想如果他是我的学生，我会有这些做法：

1. 讲清楚规则

下课可以和我说说话玩一会儿，但是如果上课不守规则，就取消下课的玩乐。告诉他：我上课时是所有同学的老师，下课才是你的朋友。如果你真的把我当朋友，那么就要在上课的时候尊重我，包括自习课。

为了提醒他记得这个事情，可以采用写在纸上贴在他桌子角上提醒他；专门为他准备一个贴星本，如果他能够在我的课堂上做到这一点，就给他贴一个五角星。讲清楚如果一周内贴满几颗星，就有什么相应的奖励。

这个做法，只能和他单独交流，不要惊动其他学生。也不需要在班级里大张旗鼓表扬，毕竟上课遵守纪律是对学生最起码的要求，只是因为他比较特殊才这样区别对待。

2. 学习上有所要求

作文不能一个字也不写，可以在同学们写作文的时候单独坐在老师身边，先自己写几句，老师慢慢指导着再写几句，然后再抄写一篇相同题目的美文。如果哪一天自己能够写到三四百字了，就奖励一下。每次语文考试设定一个分数目标，每次提高两三分。这样的要求也是和他私下里讲清楚，不需要惊动其他学生。

我曾经教过一个类似的学生，三年就是写同一个作文题目，每次比上一次多写一两句话，三年后终于写成了一篇完整的文章。这样的做法，是给这样的学生一个清晰的信息：我可以对你放低要求，但是我永远不会对你没有要求，而且我一直在要求你每次进步一点点。不和别人比，但是要和你自己比。

3. 因势利导，化负为正

他爱讲闲话，很有可能是表达内心的孤独。这样的孩子是不大受人待见的，无论是成年人还是同龄人，所以他会用各种方式来刷自己的存在感。而往往这样的学生，更多采用的都是不停讲闲话、不停惹是生非的负面方式。

我们可以因势利导：培训一下，班级里进行朗诵比赛时看能不能拿个小奖；上课提问一下，说不定有一次讲对了，那就狠狠表扬，告诉大家这样的讲话才是有存在感和价值感的；每天放学后抽个一两分钟和他聊聊天，让他过过说话的瘾，也正好了解他的一些情况；每节课下课后来老师办公室帮帮忙，传传话，这样也可以避免他课间打打闹闹惹是生非……

总之是让他忙起来，消化他的负能量，引导到正能量上来。就像治水一样，重在疏浚，而不是堵塞。

4. 找适当的机会，家访一次

"小皮"考了零分，希望不要告诉家长，那么他的家长究竟是怎样的情况，是对他有要求还是没要求，是把他当宝贝爱着还是对他很失望很暴力。我想与其通过发信息或者打电话的方式告知家长这个孩子的成绩，不如家访一次，和家长说说你对这个孩子的观察，说说这个孩子的优点与问题，听听家长对这个孩子的看法。

我一直主张与其告状不如走访，在走访中可以了解到很多情况。寻求到家校合力当然最好，家访后若是发现家庭不力，老师就要更多关心这样的孩子。

5. 关了门开了窗

我一直坚信老天是给每个人一条出路的。这样的学生，我们除了在心态上采用零起点，比如这次考零分，下次考一分就是进步，更要努力寻找到他们学习以外的一条出路。唱歌如何？体育如何？画画如何？……

我自己曾经教过几个考试只能得个位数的学生，他们在摆弄电器、摄影、围棋、做菜、洗衣服和床单方面都有过人之处，甚至我发现他们因为无须在"有用"的学习和考试上花时间，反而在"无用"的某方面投入了更多的时间，找到了更多的生活的乐趣。这也是很值得我们深入思考的一个问题。

所以，面对这样的学生，在课堂上老师既要眼中有他又要眼中无他。尽量不要因为他而影响到教师上课的心情，更不要因为他而影响了老师对其他学生的正常讲课。既要和他做朋友哄着他，又要讲清原则不迁就他。

慢慢把一个幼儿园孩子一样的初中生引导到能守规则的能在学习上有一点点进步的中学生。同时努力发现他们某方面的特长，哪怕这个特长相对其他学生而言完全称不上特长。

这是一个漫长的过程，会有反反复复，甚至有可能到他毕业时也是颗粒无收，难为你这个刚走上工作岗位的新教师了。可是，这样的开头，对你今后的教育生涯很有好处，苦你心志，劳你筋骨，动你心，忍你性，增益你才能。

当然这也是一把双刃剑，一不小心，就会抱怨多多，牢骚满腹，对这样的学生充满鄙夷不耐烦，在眼神上、语言上、行为上，伤害到这样的学生。你要有所警惕。

谁不愿意做个老师喜欢的好学生呢？

每个"小皮"都有自己的苦楚，只是他们自己还没有知觉而已。这是他们的幸，也是他们的不幸。

愿你永远有悲悯之心。

对学生永远保持一颗好奇心

○ 对教育对学生永远保持一颗好奇心，是教师避免职业倦怠的好方法。

新手案例

"小皮"有点进步了

很高兴，"小皮"在班级中没有被区别对待，经过近一个月的相处，同学们也知道他没有恶意，下课也时常和他玩笑。

只是令我很头疼的是，他太把我当朋友了。我下课时和同事们出办公室去操场走走，碰到他，他会大声喊着"老师——"并做出拥抱状的手势，飞奔而来。

此时我只能躲开，并且"威胁"他："你去我办公室抱作业到教室。"他便立马转了个弯，又在操场一个人玩耍，倒也有趣。

在班级中，我布置过两次作文，一次是《记住这一天》，是一篇考试作文，"小皮"是唯一一个拿到零分的同学。他只写了一句话"某某，你让我难堪，我一定会让你丢脸"。

这一句话里错别字很多不说，语序也不怎么对，导致我看了好几遍。我拍了张照片传给正班主任看，担心在班级里是否会有学生与小皮产生过矛盾纠纷。

结果那天他就没来我办公室帮忙做事情，放学前，他才推开我的办公室门，一脸不开心，说："老师你打我小报告，我不和你玩了。"

我好笑地问："那个人是谁啊？"他跑开了。

第二天一大早，他就到我办公室抱作业，一脸没事儿人似的。小孩子的记仇可能就是这样的吧。

初一的每一篇课文对于孩子的作文写作都是一次很好的示范，所以几乎每一节课我都会捎带上一些写作的知识和方法。

当又一节语文课下课，"小皮"跟着我走出教室，走到一半，我问他："你上次和我说，不想让你父母知道成绩，是因为零分太难看了吗？"

他点点头，我说："那你下次写作文，不能只写一句话，如果你写满了500字，只要语句通顺，写得清楚，你就能拿到好几十分。"

他的眼睛有些发亮，对我点头，我乘胜追击，"那你能不能给我个保证？不然你明天就忘记了怎么办？"

他回去给我写了个保证书。我这才放心，大手一挥，走到办公桌前，拿了一块巧克力给他，"放学之后才能吃哦"，我关照他。他跑掉了。我心里期待着他的第三次作文。

让我非常欣慰的是，"小皮"上课发言了，尽管回答不尽如人意，但是仍旧给了我很大的惊喜。

我们上课是分小组讨论的，"小皮"分到一个挺好的组。上课积极发言、思路开阔是这个小组的特点，也许是被气氛所带动，在小组组长回答了《秋天的怀念》中的一个重点问题后，"小皮"高高地举起了手想做补充，我立马给了他机会。

同学们都看着他，他有些紧张，磕磕巴巴地憋出来一句话，便在同学们的笑声中坐下。他回答得虽然有些重复，但是确实是另一个答案，也算言之有理，语文没有标准答案，这一点我深信不疑。

我再一次将更易被理解的答案重复给了"小皮"，他若有所思地点点头。我很高兴，这是他跨出的第一步，相信他会更好。实际上，教师的一言一行真的会给一个学生以莫大的影响。

当天中午他来我办公室，一进门他就嚷嚷着他改进后的答案，我一开始还没反应过来，才知道他在说上课时他本来想说的就是我说的答案，但是太紧张所以忘记了。

我有些忍俊不禁，安慰着他，并且又帮他理了一遍思路，希望他以后能经常来办公室问问题。

"小皮"真的非常可爱，非常耿直，有啥说啥，喜怒哀乐都在脸上，单纯得像个幼儿园的孩子。办公室的老师们都挺喜欢他的。这是个好兆头。

你不可能时时刻刻都去想孩子会怎么想，他们有自己的思维。记得我母亲说过："如果一个学生出现了问题，我不奢望他早上犯错，中午被我教育，晚上他就变成一个好学生。"

是啊，可能去纠正"小皮"的问题需要花好久好久，甚至三年也不能去改变什么，但是我去尝试了，我就对得起自己的良心。希望三年后我能拿出一本厚厚的《男生小皮》，去作为他最好的毕业礼物。

于洁的建议

一切刚开始，还有漫长的路要走

一直很好奇，"小皮"生活在怎样一个家庭里。拥有怎样的父母，是否有兄弟姐妹；父母对他的要求是什么；是老人带大的孩子吗；他的智商究竟属于什么程度。他入校时三门功课加起来不满 100 分，究竟是和他的智商有关系，还是他确实从小到大就是不要读书？

如果这些信息不完整，我们对小皮的了解依然是肤浅片面的。

"小皮"把你当朋友，一方面说明你比较有亲和力，不是整天板着脸端着架子的老师；另一方面也是因为你让他做了你的联络员，每天到你办公室来帮忙做事，让他觉得你是很信任他的。

所以可以充分利用这一点，在操场遇到他的时候，慢慢和他聊聊他的家庭，了解一些情况。这对将来继续对他的关注和教育是有好处的。

在作文上，"小皮"听了你的话，似乎有点心动，甚至还写了保证书，说下一次作文要写长一些了。我心里也很期待他的第三次作文。但是，我还是想提醒你，希望不要抱太大哦。我想他是不太可能瞬间从只写一句话变成能写 500 字的作文的。所以如果他食言了，你可以在他面前表示生气，但是内心不要动真气，更不要失望，觉得自己的期望落空了而从此听之任之。

我曾用三年的时间教会一个学生写一篇作文，每次在原有的基础上多写几句话，直到最后成为一篇比较完整的作文。你也可以给他几个作文题目，让他选择一个他觉得能写得比较长的去写起来。只要能有一次写得较长了，有点成就感了，慢慢他就会改变原来不写或者只写一两句话的习惯。

但就像你说，学生有自己的思维，说不定他会给我们一次惊喜，第三次作文能写个一两百字了。

这也是教育中比较好玩的事，你永远猜不到学生的下一个样子。对教育对学生永远保持一颗好奇心，是一个老师能够避免职业倦怠的好方法。

"小皮"能够发言了，这真是个好消息。他终于从课堂的游离者变成了参与者，终于能从原来的胡言乱语或者不言不语变成言之有理，这证明他的智商不是很弱。所以在这一点上，我想也许通过你的努力，他是可能在语文成绩上有所提升的。

他原来语文考零分，只要进步一两分，也是你教育的成果，值得惊喜。

还是不要太抱希望，不要高兴得太早，一切都刚刚开始，还有漫长的路要走。

确实如你所说，"小皮"这样的性格，撇开成绩而言，还真是挺讨人喜欢的。他单纯耿直，对同学没有恶意是件好事，但是也要注意不能掉以轻心，他在作文里写的那句话还是要问问清楚的，如果他真的和某个学生有什么矛盾纠纷，还是要防患于未然的。一旦矛盾上升，"小皮"很有可能做事没有轻重。

你说希望自己将来能够写出一本《男生小皮》，我很赞成。看一个学生的成长经历，是件有趣的事情，哪怕最后也真的没有什么奇迹发生，也是再正常不过的事情。

还记得我上一篇写的题目吗？《眼中有他，眼中无他》，不知道你是否理解了我的意思。一个班级确实会有一些很特别的学生，吸引了老师的注意力，牵制了老师很大的精力。可是，面对这样的学生，我们老师的眼中要有他，又要无他。

为什么？因为老师的职责是面向全体学生。我们的心情不能因为个别学生的进退而忽喜忽忧，不能因为个别学生的表现而忽略了其他学生。

学生是很敏感的人，每个人都很在乎老师是否在意自己，假如你的眼中只有"小皮"，那么你就失去了其他学生对你的敬意。不能让"小皮""恃宠而骄"，要让所有学生"雨露均沾"才好。

所以在"小皮"的教育上，分寸感的把握非常重要，尤其在课堂上，必须一视同仁。在一些原则性的问题上，更不能对他放低要求。比如课堂纪律。

我也很期待你的第三次教育叙事。也许还是"小皮"的故事，也许是另一个学生的故事。

一切都有可能。

撕掉对学生的标签

○ 只要一直坚持着做一些努力，收获迟早会到来。

新手案例

小言的故事

小言同学是个没长开的小男孩。声音细细软软，人也不大，说话慢吞吞，做什么都比别人慢半拍。

小言的爸爸开学第一天就给我打电话，说小言的语文在小学里极差，上课特别容易走神，要我多加关心。当时还没开始上课，不知道具体情况。等到上完一个星期课，我意识到小言的问题很大。

几乎每一次请他回答问题，他都很慢地站起来，张了张嘴，眼睛看看我，再看看他的组员，然后就低下了头再也不吭声了。

他的学习习惯也很差，上课上了五分钟书本上一个字没写，我提醒他抓紧记笔记，他才恍然大悟似的，开始从课桌里找笔。词语和古诗文的默写几乎次次重默。

小言还是很爱笑的，只是笑得和别人不一样。同样一句话，能引起同学们的笑意，别人是微微笑，他是整个人都摇摆着的笑；或者除了他，其他人都不笑。

小言很懒，作业不做，背书不背，重默不来，上课不听。一口气说出来这么多，突然意识到，这些几乎组成了语文基础性学习中最重要的部分。

秋游前的一节语文课，他把红笔里面的墨挤出来，然后加水稀释，在课桌上画了一个大大的爱心。

我很生气，我讲了整整一堂课，他听没听，记没记，还画了这样一个爱心，是多幼稚？

我拍下了照片，发给他的家长。他又有点可怜地望着我，好似是我欺负他一样。我心里想：如果我连他的课堂纪律都不能管住，那他怎么学习到新的知识？

为了让他写作业，在中自习的时候，我会让他搬个凳子坐到讲台前。一来可以杜绝他和别人讲话，二来可以专心学习，提高学习效率，有不懂的还可以随时问我。

但就是这样在我眼皮子底下，他仍然动作很慢，一节中自习只写了寥寥几句话。我翻看了他之前的作业，发现其中有一次他写得非常好。他看着我嗫嚅道是他妈妈教他写的，如果妈妈不教的话就不会写。

初中里的阅读赏析作业，对他而言像天大的难事，他的思维像是完全被堵塞了，一个字也写不出来。我只好让他抄写写得好的同学的赏析，指望他能找到一点点做题的感觉，但是收效甚微。

平时下课我也会尽量去多关注他，有一次喊他来默写，让好几个同学去喊也没看见他的人。很多次点名批评后，他看见我也就比较害怕的感觉。

但是他的玩性实在是太重了，从上课到下课，几乎没有看见他安静看书的时候。如果下课时把时间精力都放在看管他写语文作业，又怕其他老师会有意见，毕竟不能只学语文一门功课。

这次秋游，远远地看见他小小的身影在高高大大的摇摆锤前面，畏惧却又渴望向前尝试，这是不是他学习语文的缩影呢？但愿是。

再继续观察研究他吧，总能找到办法的。

于洁的建议

荷塘与南风

告诉你哦，我之所以能够在工作中那么不急不躁、持之以恒，因为我相信"荷塘效应"。

荷塘效应：假设第一天，池塘里有一片荷叶，一天后新长出两片，二天后新长出四片，三天后新长出八片，可能一直到第 29 天，我们也只看到池塘里依然只有一半的地方长有荷叶。而令人瞠目结舌的是，到第 30 天荷叶就掩盖整个池塘。

在 29 天的"临界点"之前，信息可能都处于缓慢的滋长期，难以引起人的注意，而一旦到了最后一天，瞬间爆发，其影响力将让人瞠目结舌。

俗话说行百里者半九十也是这个道理，行了 90 里路了，还有 10 里路往往是成功的关键，但有时候往往在最后关键的一步就放弃了。

表面上看上去，似乎仅仅一天时间，就实现了以前无数天期望的成功。现实中，有很多人就在创造奇迹的前一天放弃了，于是失败在成功的前一天。

厚积薄发说的就是这个道理。

我因为知道这个荷塘理论，所以遇到一些难办的事情或者难教的学生，我心里是笃定的。只问耕耘，不问收获。耕耘的过程会很漫长，而收获的时间不知道哪一天会到来，可我知道，只要一直坚持着做一些努力，收获迟早会到来。

还记得《林中小溪》这篇文章吗？小溪一路开山劈水，发出声响，但"不是示弱，不是诉怨，也不是绝望。每一条小溪都深信自己会到达自由的水域，早晚会到达……"

"就让路途当中出现阻塞吧，让它出现好了！有障碍，才有生活。"

"小溪流经树林的全程，是一条充满持续搏斗的道路，时间就由此而被创造出来。搏斗持续不断，生活和我的意识就在这持续不断中形成。"

很多人读这篇文章觉得没啥意思，我读的时候很是感慨。不是每个人都曾经充满坚定的信念去开山劈水的，只要有过这样的经历的人，读到上面这些句子，都会会意一笑。

遇到小言这样的学生，你首先要做的就是告诉自己：定定心，从一片荷叶开始，一天一天，等待荷叶满塘的时候。

1. 重建规矩

我自己上课有个习惯，上课前语文课代表来我办公室询问需要同学们做些什么准备工作，然后写在黑板上，这样的话，预备铃响以后我进入班级，绝大部分的同学已经把语文课上需要的东西放在桌子上了。我会提醒学生收拾桌面，除了语文的东西外，其他各科的东西都放入桌肚里。

"书翻到第几页，笔拿在手里，我们开始。"这是我每节课都会说的话。这是一个长期的听课习惯的训练过程。

你可以站在小言边上，用眼神来示意、检查。而不是等上课五六分钟了发现他没有跟上节奏后表示很生气。

2. 撕掉标签

他的父亲因为小学里的情况，已经给小言贴了语文很差的标签，所以小言也就破罐子破摔了。而他的母亲则索性用代劳的方式来助长了小言的懒惰。小言失去了自己的思维，认定自己学不好语文了，所以作业不做，背书不背，重默不来，上课不听。

那我们就撕掉这张标签，同学喊他他不来，那就山不转水转，课间老师自己去找他来，哪怕就是来重默一个词语一句古诗文也好，就是不要让他觉得只要我课间躲开了老师就拿我没办法了。或者在语文课下课后直接就带到办公室去补作业或者重默。

和这样的学生打交道其实就是一场持久战、拉锯战。必须反复抓、抓反复。一旦老师放松了或者失望了懈怠了，感觉收效甚微而无心无力再坚持下去了，那么结果就是对这个学生彻底放弃了。

老师要明确告诉小言：你是能够学好语文的，我是不会放弃你的。作业是必须要做的，没做肯定要来补的。你有一点点进步，我是会表扬你的。别人可以比你好，但是你不可以一无是处。

最近网络上有一盆被骂死的植物很夺人眼球，暂且不管植物被人一直骂会不会死，但是可以肯定的是如果有一个人一直对你说你笨死了、你学不好语文的，那是真的你很有可能就很沮丧、学不好的。

所以，和家长通电话或者家访是很有必要的，请家长不要再给小言贴标签，更不要用直接报答案让小言听写的方式来帮助他完成作业。

从某种程度上来说，小言的懒洋洋、慢吞吞，也是他对那张标签的一种抵触情绪的表达：好，你说我学不好了，那么我就不好好学了。

3. 改变方式

既然一味批评没有效果，那么就换一种方式。喊小言到办公室来帮帮忙，搬搬本子，发发作业，哪怕是帮老师把语文书拿到讲台上去，拷拷课件，都可以。任何一个学生都是希望得到老师赏识的，因为喜欢一个老师而愿意学好这门功课也是常有的事。

法国作家拉封丹曾写过一则寓言，讲的是北风和南风比威力，看谁能把行人身上的大衣脱掉。北风首先来一个狂风大作，意图吹去行人的大衣，结果行人为了抵御北风的侵袭，便把大衣裹得紧紧的。南风则徐徐吹动，顿时风和日丽，行人因为觉得很暖和，所以开始解开纽扣，继而脱掉大衣。结果很明显，南风获得了胜利。"南风效应"给人们的启示是：在处理人与人之间关系时，要特别注意讲究方法。同一目标，方法不一样，结果就会大相径庭。

这样的学生，一直被老师严厉批评指责，就会躲着老师，嘴里不说，但是行动上会有抵触，"我就是不做，看你能拿我怎样"，三棍子打不出个闷屁，神仙老子也没办法。这是他无声的抵触行动，也是他对老师的底线的试探。

老师要让这样的学生明确地看到老师的态度：我不来骂你，但是我会坚持我的底线，我不会放任你。

温柔的坚持，类似于水的流动，水滴石穿，细水长流。

4. 他山之石

我也曾遇到过这样的学生，手脚之慢，让人恨得牙痒痒；上课走神，喊他起来回答问题完全云里雾里。也实在拿他没有办法，毕竟上课不可能只盯着他一个人，更何况若盯着他一个人心里就越看越气恼，严重影响上课情绪。

偶然有一次他的朋友放学后要做值日生，却被广播里喊去开会，便请他帮忙做一下值日生，哪知他课堂作业还没有完成，老师走进教室喊他快点写，朋友无可奈何只好再去请其他同学帮忙，临走丢了一句话："你每次都这样，想让你帮个忙就这么难吗?"他脸色尴尬，被我看在眼里。

我支走了另一个帮忙的同学，对他说："我等你，你赶紧写课堂作业交掉，不能因此而失去朋友。你做完了就和我一起帮你的朋友做值日生，等你朋友开会回来他看到是你在帮忙会很高兴的。"

他用了很长时间，包括其他同学指点，终于完成了课堂作业，我就在一边耐心地等他。等他完成后长舒一口气冲到我身边说："老师，我好了，可以扫地了。"我就站起身来和他一起做值日生。

那天临走的时候，我对他说："其实，我也很想让你帮帮我忙，做点小事情的，可我总是不敢来占用你的时间。什么时候你能完成作业了，有时间了，来帮帮我，多好。"

他略有改变，可还是慢得不行，终于有一天跑过来对我说："老师，有什么要帮忙的吗?"

我问他："你作业都搞好了？"

"是的！"他很大声地说。

"好！去黑板上写把语文资料放在桌子上，按照123的次序排列，准备装订！"

他一溜烟跑去了教室。

这样的次数，真的难得一次，大量的时候他总是被组长被老师催着讨要作业又拿不出完成的作业，成绩也还是很差。

那就继续等待吧，坚定地相信那个荷塘效应，一片，两片，三四片，总有一天荷叶会铺满荷塘的。

也许在你这个老师任教他的三年里，也许是在他漫长的人生里。

南风徐徐吹就是了。

攻坚战与持久战在教育中是常态

○ 教育就是度人度己

陪一只蜗牛散步也很美

很欣慰，小言来找我重默了。

上周三，《论语》和《西游记》知识点默写，还是有很多学生掌握不充分，需要重默。其中当然包括小言。

我让他们下课来办公室重默，孩子们很积极，下课蜂拥而至。不出所料，小言没来。

看着这一圈低头默写的孩子们，我心生一计。当第一个孩子把重默好的《论语》交给我后，我对他说："去把小言喊过来。"

过了一会儿，又有两个孩子一起把默写交给我，我对他们俩说："帮我把小言喊过来，告诉他带上默写本。"

几个人轮番轰炸，终于将小言从教室里"请"到办公室里了。

而我早已泡好两杯茶，请他在我办公桌旁坐下默写，摆出一副打持久战的样子。

一如既往，小言的动作还是那么慢，5点，5点半。默写只默了一道题多一点，我只管专心批改考卷。

小言似乎难以忍受这种安静的环境，时常抬起头来悄悄观察我。

我瞥了他一眼，"你动作快一点，不就能早点回家了吗？"他看着我不说话。

"你妈妈在外面等你吧？你要快一点，不然你妈妈在外面吹冷风你不心疼么？"我提醒他。

他愣了一下，点点头，速度稍微快了点。

写着写着，他就问我："老师，这个孙悟空为什么能够大闹天宫却打不过一群妖怪？"

我一愣，心想着要是回答不出来，那他以后就有借口不来找我默写了。想起刚给他们教的鲁迅《从百草园到三味书屋》里有个情节：

"先生，'怪哉'这虫，是怎么一回事？……"我上了生书，将要退下来的时候，赶忙问。

"不知道！"他似乎很不高兴，脸上还有怒色了。

我才知道做学生是不应该问这些事的，只要读书。

莫非我也要用"不知道"和一脸怒色地说"赶紧默写，少说废话"来回答他？那我在他心里的地位可能就是一个极其古板无趣的老师了。

心思急转，我按照自己的想法告诉他："孙悟空大闹天宫的时候是孤身一人，无所畏惧的，可以放开手脚。而取经路上则是要保护师傅和两个师弟，不能滥杀无辜，要保护百姓。其次孙悟空的头上有紧箍，而唐僧时常误以为孙悟空滥杀无辜，动不动就要念紧箍咒，这也限制了他的实力……"

他很专注地听着，表现出很大的兴趣。

"老师，那白龙马他们都可以飞，那为什么不带着唐僧直接去西天取经完成任务呢？"

"如你所说，孙悟空一个筋斗云十万八千里，但是这西天取经的目的除了取得经书，更重要的是对师徒四人禅心的磨砺，如果没有磨难，就没有收获。"

一串连珠炮的问题，一些平常看似根本不会想到的问题，却在小言的脑中不断绽放出烟花，更是引燃了我这个老师许久未曾明亮的文学烛火……我们师生两个竟有一种惺惺相惜的感觉。

看了看手表，打电话给小言的妈妈，让她知晓孩子在我那儿。转身呼了口气，"天晚了，你妈妈还在冷风里吹等着你呢，今天就到这儿吧。明天继续把欠下的默写重默掉喔。"

他挥手和我说再见，这一刻，我觉得，我们俩心的距离又近了一步。

第二天放学，"老师！"他走到我办公桌旁，摊开一本默写本，细声细语地说："我今天来默大前天的。"示意我给他报题目，我深刻地感受到自己的惊喜，那是一种期待已久并最终实现的喜悦。

动作仍然慢，问题仍然多。我边吃早已准备好的晚饭边盯着他默写，开玩笑让他闻闻我的饭菜香，早点默完，早点回家。

默写方面有了自觉性，相信他上课的时候也能够进步点，我尽量多盯着这个慢吞吞又爱问各种问题的小言，陪一只蜗牛散步，也是很美的事情，相信明天会更好。

于洁的建议

攻坚战与持久战在教育中是常态

恭喜！这个从来不来默写的小言主动来找你默写了！当我看到他细声细语地说"我今天来默大前天的"时，我几乎要笑出声音来了。

前些天运动会，我注意到男子一千米跑步时的一个情景：

有的人一开始冲得很快，但一圈过后就腿软无力，开始落后，到第三圈时实在撑不下去开始走路，甚至有半路弃赛的；有的人一开始就被甩在后面，但是一直坚持着以跑步的姿态前行，虽无法获得名次，但坚持到了最后，完成了自己的赛事。

假设小言是后者，那么我们对他是否能坚持到最后，是不能从一开始就妄下结论的。

这就是教育的有趣之处。你永远无法预测一个学生的未来。

你以为他现在不可救药，也许有一天他很神气地站在你面前说他现在的成就；你以为他必定前途无量，也许有一天他因为种种原因而弃世。

教育的艰难之处在于你想要在短短的三年内让每一个学生呈现出全面发展、三好学生的样子。

所以，很多老师遇到小言这样慢吞吞跟不上大部队的学生，就会急不可耐。从一开始的好好说话，鼓励再鼓励，到灰心丧气后大声催促，厉声呵斥，甚至讽刺挖苦意欲激将。一旦这些手段都没有效果，就觉得自己付出了那么多却一无所获，心里就对这样的学生恨铁不成钢起来，多次反复后选择了放弃。

我说这些，是想提醒你别高兴得太早。反复是正常的，一蹴而就是极少的。我能理解你非常喜悦的心情，毕竟那是一个很大的进步，也是你运用了正确的方法获得的结果。但你必须做好下一次他又有畏难情绪而不来重默的思想准备。

一个老师，教育生涯会遇到很多个小言。

正是他们，让有些老师的心变得冷漠坚硬；也正是他们，让有些老师的心变得宽厚柔软。

这种宽厚不是对学生的纵容，这种柔软不是软弱无原则。而是保持着善待学生之心、善意之言之容，坚持着推动学生一步一步向前。

这一步一步，是极其艰难的。

难在考验老师的耐心和恒心。这是一场攻坚战，更是一场持久战。

难在考验老师的素质和能力。"爱的智慧"与"智慧地爱"，需要合二为一。

我更感兴趣的是你和小言关于西游记的对话。

他问：这个孙悟空为什么能够大闹天宫却打不过一群妖怪？

你答：孙悟空大闹天宫的时候是孤身一人，无所畏惧的，可以放开手脚。而取经路上则是要保护师傅和两个师弟，不能滥杀无辜，要保护百姓。其次孙悟空的头上有紧箍，而唐僧时常误以为孙悟空滥杀无辜，动不动就要念紧箍咒，这也限制了他的实力……

这多像我们的教育，如果我们的教育就是老师拿了金箍棒把遇到的问题唰唰唰几下子就能搞定，那是不可能的。

我们头上戴着紧箍，言语行为都要有度，对学生骂不得打不得，被学生和家长误会也是常有的事，这些都限制了我们的实力。教育绝不是三下五除二的痛快事。

他问：老师，那白龙马他们都可以飞，那为什么不带着唐僧直接去西天取经完成任务呢？

你答：如你所说，孙悟空一个筋斗云十万八千里，但是这西天取经的目的除了取得经书，更重要的是对师徒四人禅心的磨砺，如果没有磨难，就没有收获。

教育生涯就是一场西天取经。

教育的目的不单纯是取得成绩，更重要的是对师生双方的素质的修炼。

没有教育路上的磨难，师生双方都没有收获。

所以我常说：教育就是度人度己。

从齐天大圣，到斗战胜佛，是一颗心的变化：从无所顾忌、意气风发、不可一世，到有所顾忌、三思后行、悲天悯人。

就像我们对这个世界的认知是一样的。曾经的我们懂了一点点就觉得全懂了，到后来我们懂了很多却觉得自己不懂的实在太多了。

愿你很多年后，依然能给小言这样暂时落后的学生倒一杯水，请他坐下，陪他重默。

　　一个老师真正的成熟，绝不是在学生们面前颐指气使，而是放低姿态，蹲下身子，平等善良。

　　这才是人与人相处的样子，这才是教育里最美的样子。

要做有效的教育

○ 教师要说就说有效的话，要做就做有效的事。

新手案例

一辆没有发动的车

我和小明说得最多的话可能就是"你的作业呢？""你怎么重默还不来找我？"

他是我当着全班同学的面第一个批评的同学，是第一个被我发现不完成语文作业的同学。

我把他叫到办公室。

"你的读本怎么比别人落后那么多？格式也不正确？一直都没交么？"我翻看着他的语文作业，他在旁边不知所措。

我又气又好笑，心里想着："你这假装什么都不知道的样子装得倒挺像。"

"为什么不做？""忘了。"

"知道怎么补么？"他点点头。

"这星期交给我完整的。"我向着他的背影丢下了一句。

第一次正面单独接触就不怎么愉快。在此之后的每一次对话，三句离不开作业和默写。也总是我说，他木然或点头。

上课回答问题，他经常站起来茫然不知所措。他有一个习惯性的动作，就是抬头向左看天，似乎是在无声地抗议：不要再喊我起来了，我什么都不知道。

虽然每次叫他回答问题都是这样浪费课堂时间，但是我不想放弃他。

几次三番，终于有点改善，也只是停留在把作业补全的地步，我看得出来，他的语文作业全部是在敷衍我而已。于是乘着中午值班的间隙让他坐在我旁边，看着他用自己都不怎么认识的字写在作业本上，我让他返工，再交，再返工。

上课不怎么说闲话，回答问题很木讷，作业很邋遢，考试考烂，也看不出他脸上的表情。难道真的是无所谓吗？

和他的家长进行沟通，没想到家长先发制人，知道我是个新教师，希望让我住到他们家的房子里去，由他们照顾我的生活起居，而我则替他们盯着小明的学习生活。

"哭笑不得"，恐怕我放下电话的表情只能用这样的形容词去进行描绘。家长很关心自己孩子的学习，是好事，但方式方法让人无语；孩子挺安静，是好事，但在学习上这样无动于衷让人无语。

不过我也能理解家长的心情，想来他们也是用尽各种方法无计可施了，救命稻草能捞一根是一根。

第三次单元测试，小明考得不尽如人意，勉强及格。不过，因为我一直盯着，他比之前两次单元测试还是有些进步的。

总感觉自己在推着一辆没有发动的车上坡，只要我一放手，车就要咕噜噜滚下山去了。累啊，可能需要很长的时间去纠正他的学习习惯吧。

于洁的建议

要做有效的教育

我的嗓子之所以教书 28 年依然保持清脆，原因之一就是我能不说话就不说话。尤其是在和所谓的"后进生"的相处中。

比如遇到小明这样的经常不做作业或者偷工减料、敷衍作业的学生。

"你的作业呢？""你怎么重默还不来找我？"

"你的读本怎么比别人落后那么多？格式也不正确？一直都没交么？"

"为什么不做？"

这是你的做法，也是很多老师的做法。概括为一句话：先骂一顿，再勒令重做或者补做。

如果以十分钟计算，骂一顿大概九分半钟，勒令的话半分钟。于是一个课间十分钟就这样没了。结果是这十分钟里一个字都还没有写。

有的学生是在教室里补作业的，有可能抄别人的。

也有的是等下一节课课间休息来老师办公室补作业的，在老师办公桌前站着写字，弯腰驼背，很慢很吃力。

我的做法是：办公桌上准备好黑笔和本子，准备好给他坐的凳子。在下课铃响之前我等候在教室门口，等里面的老师下课后，对这个学生说："我在这里等你，你赶紧去上厕所，然后跟我去办公室补作业。"

按照时间计算，和他说话几秒钟，去办公室坐着补写七八分钟。有不会的我教他。可能没有写完又上课了，那就放在我办公桌上，等下一课课间再来。

时间长了，学生就知道我的习惯了：没有人能够赖得掉我的作业。我不骂你，我很平静地对你说"你跟我走，去补作业"。谁也不要浪费时间。

少说话，多干事。这六个字，在我的工作中，是我很重要的一条原则。

因为，我想做有效的教育。

有的老师貌似在批评学生不做作业，实则是在给自己出一口愤愤之气，自己的气出了，爽了，才让学生补作业。

有时候需要背书，隔天傍晚布置的，晚上在家好好背书。可总有学生到第二天放学了还没有背出来。

有的老师就会在放学后把学生留下来，愤怒地指责，问他昨晚在家里干什么，为什么学习态度这么差，或者打电话给家长告状，花费时间二三十分钟。

然后看看天色已晚，一方面老师自己也要回家做晚饭，一方面担心路上安全，也不敢把学生留得太晚。于是怒气冲冲说一句："回去背，明天早上来背给我听！"

我的做法是：告诉学生，我陪你，现在开始抓紧背诵。

学生坐在我边上背诵，我自己安安静静做些事情。过一会儿让他试背一下。一边听他背，一边提示一下，帮助他再理解一下以利于背诵。

如果家长在校门外等着接孩子的，就打电话告诉家长孩子在我这里背书，请家长耐心等候。等背好了，我会打电话告知家长孩子现在要出来了。

如果家长没有在校门外等的，就打电话告知家长孩子在我这里背诵，可能要晚一点回家，考虑到路上安全，请家长现在出发到校门外接孩子或者到我办公室里来接孩子。

我给出了很明确的信息：你赶紧背诵吧，我今天是一定要等你背完才放你走的。

谁也别浪费谁的宝贵时间。我不批评你，我只想你今天背诵完。要说就说有效的话，要做就做有效的事。

我有个习惯：只要背书，一定是学生一个个来背给我听的，而且我不做任何提示。背完后我这里做好记录。

这样做的好处是：没有学生能够浑水摸鱼。如果是背给组长或者课代表听的，也许就滥竽充数混过去了，毕竟非常有原则的组长和课代表是很少的。

能够有胆气来我这里背诵的，一定是自己觉得真的背熟了，这对学生记忆的熟练程度有好处。我认真地听着学生背诵，发现不熟练就让学生再多读几遍再来。这样就能减少考场上记忆短路次数的出现。

正因为如此，所以学生在隔天傍晚布置后，还是会当回事的，毕竟，赖是赖不掉的。

我写下这些，是想告诉新教师：

不要做无用功。小赖皮是不怕你的批评的，他知道你说完了也就没事了。他继续消磨你的耐心就是了。他坚持到底就是他胜利。

教育要做有用功。你的目的是让他不少作业，那么就直接采取行动：少了就补；不认真就重做。你坚持到底就是你胜利。

以上只是表面上的，属于浅层次，也就是他的作业问题。

而深层次的，是你对他的交流沟通的内容和态度要改变。

每一次对话，三句离不开作业和默写。说得最多的话可能就是"你的作业呢？""你怎么重默还不来找我？"

这是不行的。

除了作业和默写，看不到他其他的东西；除了批评指责，听不到你对他的一丝赞赏。

今天，我让你做家里的一件事情，然后模仿你对待小明的态度，用不耐烦的态度和很冷漠的语气对你一味指责。

"你干吗磨磨蹭蹭？""你到底在做什么？""你听明白我说的没有？"

你默默地站在那里，心里很难过的样子，脸上露出很无语的状态。

你终于体会到了小明当时对你的木然。

一味指责，会把一个人骂傻的。他会更加不知所措，或者破罐子破摔，反正自己在老师心目中就是这样差劲。

"小明第三单元测试考得不尽如人意，勉强及格。因为我一直盯着，他比之前两次单元测试还是有些进步的。"这就是一次很好的契机，不管怎么说，终究是有点进步了，那就喊到身边来，赞赏一下。

总要给学生一点希望，让他看到老师是在乎他的，老师对他的进步是喜悦的，老师还是会一直期待他的。

写到这里，我的心里是有些沉重的。

因为教育教学的压力与日俱增，升学压力压在学生身上，也压在老师身上。

而学生却因为家庭生活水平的提高，越来越多的人不需要靠读书翻身，所以学习上松松垮垮。他们的读书似乎就是应付家长和老师的。

真是学生不急老师急。反差强烈。

学生在老师手里短短三年就要参加中考，短时间内如何才能让他在学习上有所行动，很多人采用的"短平快"方式就是指责批评。

批评指责当然可以，但如果这样的方式成为教育的常态，成为教育的唯一姿态，那就是一件非常可怕的事情。

教师身上戾气变重，那么整个社会就毋庸多言了。毕竟教师是知识分子，是文雅之人，是整个社会阶层中道德修养相对很高的人。

传道授业解惑，为人师表，是教师该有的样子。

要让学生敬你爱你，一定记得"和学生好好说话""少说话多干事"。

学会与初中生打交道

○ 教育，说到底是"人育"。

新手案例

让我又爱又恨的小意

小意，你是我教的两个班中情商最高的一个，也是最调皮的一个，所以你是最不省心的一个。

上课顶嘴：明明喝了水，吃了东西，说了闲话，被我呵斥后，"我没有啊？"一脸无辜的样子。

上课发出怪声：钢尺在桌边用手拨它发出颤动的声音，总能引起全班人的注意，甚至获得别的同学效仿，你很满足这样的感觉。

上课用《课课通》（语文参考资料，上面有很多问答题的答案）：每当我问了一个问题，别人都还在思考，或是被我喊起来的时候因为答不出而沉默不语，或是手忙脚乱地拿出课课通想要找到答案来回答，你却偷偷地迅速地在课桌里翻开《课课通》，把答案完整地背出来，然后举手回答我，每次都是"标准答案"。真是气死我了，谁要你的标准答案？！

一次两次三次，我渐渐地不想让你起来回答问题，一旦看见你悄悄拿出《课课通》，立刻让你把它放到课桌肚里，不然上课不听，看看《课课通》就知道答案，不需要自己的思考和理解，这样的课堂就毫无意义。

出言讽刺同学，是男生中的小头领：

一开始坐在教室的角落，分了小组，俨然成了那个小组最活跃的人，那个小组整体成绩不高，上课小动作不断，你甚至不顾同学面子讽刺同学的智商。后来分到另一个小组，在老师的眼皮子底下，总算稍微收敛了点。

……

看上去你的缺点我可以数落一整个下午，但你也有很多让我惊喜的地方。

你的字是我在男生中最喜欢的一个，工整却不失灵性。

你的悟性较高，上课时关键的地方你总能竖起耳朵听讲。

字词和古诗文的默写，你只是偶尔马失前蹄导致重默，你总能第一时间找我重默，还总能"拖家带口"带上几个重默的"困难大户"。

你懂得在考试后分析自己的得失，有不懂的问题你总是很积极地来询问。

甚至在课后你会和我说："老师我想听一些关于大阅读的答题方法，大阅读上面失分太多了""老师你可以在早自习的时候就把中午要布置的作业布置好，这样中午同学们就不会一直做其他科目的作业了。"

你说这些话的时候我多看了你一两秒，你也和我对视，那时你的眼睛里是充满着真诚与渴望，完全和你捣蛋时的狡黠、惹人厌不一样。

还记得有一次你的作文获得了我的高度评价，别的同学为你惊叹，可还有一些同学对我说"小意说他回家只花了 20 分钟就写好了"，言下之意大概是猜测你是不是抄袭了什么文章。

我看了你一眼，你是紧张的，害怕自己被否定。但我仍坚持让你自己读完了"大作"。为你分析时，全班同学都听得很认真，尤其是你。我看在眼里，乐在心里。

因为你的提议，我开始着手为你们准备答题方法，结合自己的一些经验，采用上课提问的方式去帮助你们理解和背诵，你总是反应最快的一个，因为你懂得珍惜别人的劳动成果，也懂得珍惜自己的提议和争取来的东西。

在默写的时候，你总是喜欢嘴里碎碎念，影响别的同学，扰乱课堂秩序，我气不过："下一个词语只有小意要默写：'斑蝥'。"你立刻反应过来，"老师，你是说我从后窍喷出一股气，说我在放屁吗？"我忍住笑意的同时，惊讶于你如此迅速的反应，笑而不语。

"我会写！"你又骄傲地说。

你就是这样一个让我又爱又恨的孩子，成绩中上，性格嚣张，惹是生非，聪明机灵。

【注】"斑蝥"这个词是鲁迅的《从百草园到三味书屋》里的词语，文中有个句子是"倘若按住它的脊梁，便会从后窍喷出一股烟雾"，类似于臭虫放屁的意思。学生们刚学过这篇文章，对这个细节印象深刻。

于洁的建议

这才是真正的初一男孩

"有一个姑娘，她有一些任性她还有一些嚣张，有一个姑娘，她有一些叛逆她还有一些疯狂，没事吵吵小架反正醒着也是醒着，没事说说小谎反正闲着也是闲着，整天嘻嘻哈哈遇到风儿就起浪，也曾模模糊糊大祸小祸一起闯，还曾山山水水敢爱敢恨走四方，更曾轰轰烈烈拼死拼活爱一场。"

还记得《还珠格格》里那个让人又爱又恨的小燕子吗？

恨得牙痒痒是因为她太不守规矩了，爱她是因为每个人心里都住着这样一个真实又任性的小燕子，她是我们从未外现的自己。

我看到文中的小意，不由得感慨一声：这才是真正的初一男孩啊。

教书这么多年，见惯了太多太多在从小到大的管束中变成了三黄鸡的学生：面无笑意，老气横秋，中规中矩。

突然见到小意这样还保留着草鸡、野鸡天性的学生，真是有点感慨又珍惜啊。他身上还保留着初一这个年龄段男孩子应该有的"灵性"。

而"灵性"是中国的学生身上多么缺少的东西！

我们误读了"守规则"多少年！我们采用"一刀切"的方式管理学生多少年！我们抹杀了学生的"天性"多少年！

还记得丰子恺先生写的《给我的孩子们》的结尾吗？

> 我在世间，永没有逢到像你们这样出肺肝相示的人。世间的人群结合，永没有像你们这样彻底地真实而纯洁……但是，你们的黄金时代有限，现实终于要暴露的……我眼看见儿时的伴侣中的英雄、好汉，一个个退缩、顺从、妥协、屈服起来，到像绵羊的地步。我自己也是如此……到你们懂得我这片心情的时候，你们早已不是这样的人，这是何等可悲哀的事啊！

当我们老师发现小意这样的还没有完全中规中矩、"天性"犹存、"灵气"犹存的少年人时，一定要珍惜。

宁愿"又爱又恨"的重口味，也不要让他变成"泯然众人"的淡滋寡道。

"爱"他的地方小心呵护，"恨"他的地方小心纠正。

小意是个"聪明人"（智商和情商都在中等偏上的人），当我们发现他的聪明变成耍小聪明、投机取巧（比如悄悄背《课课通》的答案，想要获得老师的赞赏、博取课堂的出彩）时，我们该做的不是在课堂上呵斥他收起《课课通》，而是在课前有一次私密聊天："我欣赏你，你是有自己的思考力的人，我更期待你有自己的思考和回答，你的《课课通》是用作复习巩固的，而不是不劳而获的。我把孔子说的学而不思则罔送给你。"

对待"聪明人"，最好的表扬是在其能力范围内提出"跳一跳够得着"

的目标，并为之搭建平台使他在众人面前有展示的机会。

比如：事先和小意约好，"因为你的反应速度比别的同学快，所以如果你一下子就把答案说出来了，那么老师就无法了解到其他同学的掌握情况了。因此，当我提问的时候，我们要有个默契，一般情况下我不喊你回答，只有当别人答不出来的时候，我才会喊你。所以你每个题目要认真听讲，该出手时才出手。"

比如：既然小意自己感觉在大阅读上失分较多，老师完全可以每周一次单独布置他一篇大阅读的作业，并给予单独辅导。这就是孔子所说的"因材施教"法。（这个方法的适合条件是：学生手脚较快，能比较快速地完成课内作业，时间相对宽裕；学生有自我要求加强大阅读的意识和态度，并对老师明确提出。一定不能是老师一厢情愿的强加。）

让一个学生感觉到自己某方面被老师欣赏和信任，并能感觉到老师在给他某方面的强化，这是对学生最好的奖励。

有时候，"能者多劳"是一种奖励。能者虽劳累，但是内心会有愉悦感。所谓"士为知己者死"，说的就是这个。

小意在分组讨论时分在哪一组很有讲究。如果他分在组员学习能力较差的一组，那么他会很孤独，他一个人的出彩要么变成其他人的代言人，要么孤掌难鸣、曲高和寡，无人懂得，得不到成就感，要么就因此而讽刺其他人的智商。

他应该被分在学习能力较强的一组里，那么他就会成为一条出色的鲶鱼，能够激发出其他组员和他自己的思想火花。

这样的做法，也是对他的一种欣赏和激励。

令我感动的是他对你这个新教师的一种善意和帮助。

估计中自习学生们都在拼命做其他功课的作业吧，他提醒你早点布置语文作业；看到总有学生重默"老赖"，他自己来默写时"拖家带口"；他懂得珍惜你的劳动成果。

让这样的小意和老师之间达成一种互相欣赏、互相帮助的默契，师生成为"知音"，不是没有可能的。因为他有很高的情商，有别于一般的智商高、情商低的"尖子生"。

儿子，这次的教育案例叙事，我看了由衷地高兴。

我在你的字里行间，隐约看到了你的课堂，你真实地表现着你自己的"人性"，真实的有节制的喜怒哀乐，真好！

教育，说到底是"人育"，真实的老师，真实的学生。言行不压抑，有节制，这不是矛盾，是一种高度智慧的统一。

儿子，你现在打交道的是初一的学生，这个年龄段在一个人的人生中意义非凡。我把初一学生的心理特征整理了一下，供你参考。这样，你会"见怪不怪，其怪自败"，也能"对症下药，因材施教"。

附：初一学生的心理特征（仅供参考）

1. 思维的独立性和批判性显著发展，不满足于简单的说教和现成的结论，但由于还不成熟，所以容易固执和偏激。

2. 容易动感情，感情强烈而不稳定，具有两极性（从一个极端到另一个极端）的特点。焦虑、憧憬、孤独、苦闷都有。

3. 克服困难的毅力有所增强。仍有较强的受暗示性，喜欢并善于模仿。

4. 对需要的质量要求提高。

5. 参与感和表现欲的产生，致使兴趣明显出现了"赶时髦"的特点。

6. 态度的认识因素与情感因素容易产生不协调性，理智上认为应该（或不应该）而情感上却不然。

7. 用批判的眼光看待周围事物，开始对师长表现出不驯服，要成人尊重他们的意志和人格。但因为处在转折时期，思想和行动还未脱稚气，所以主观愿望与客观现实常常充满矛盾，很容易自以为是。

8. 为了补偿由闭锁心理而带来的孤独感和苦闷感，友谊便成了青年期最主要的人际关系，他们渴望得到安慰理解并以此充实精神生活。他们开始以地位对等、态度一致、情趣相投等原则来选择交往对象和朋友。一旦根据上述择友原则加入或组成某一非正式群体，便会对该群体的规范产生极大的认同，从而该群体便会成为影响个人品质的重要因素。

9. 性意识的普遍萌生，致使异性同学间的交往发生了较大变化，而且交往方式带有很强的个性特征。如有的仍然恪守"男女界线"，有的喜欢与异性同学（非特定某个）一起参加活动，有个别的已开始思慕起某个特定的异性。由于这个时期比较缺乏青春期知识、自制能力和社会道德意识，所以相对高中时期来说，男女同学的交往中"出格"的较多。

一定不要用成绩去衡量一个学生

○ 所有的教育方法，都源于一个不变的东西：真诚地对待每一个学生。

新手案例

长不大的高个男孩

我原以为，在我的课堂上，我激情澎湃，孩子们认真听讲是常态。

我原以为，在我的午自习，我低头阅读，孩子们认真写字是基本。

小景是打破我幻想的第一人。

他个子很高，眼睛小小的，性格挺腼腆，但是小动作不断。

"眼睛不要东张西望！"课前默写时，他的小眼睛开始向左向右倾斜，企图从同桌那边得到一些答案，提醒一次，他缩回去。察觉到我的目光，他低下头，不一会儿，开始"奋笔疾书"，走近一看，他身体往前靠了靠，想掩盖什么。

唉，不用看，我都知道他在偷看打开在课桌里的语文书。真是欲盖弥彰。我摇摇头，抽掉他的默写本，"下课来我办公室重默！"他呆了呆，低下了头。

"小景！"一堂课上，我不得不几次三番的点名，他才会有所收敛。半堂课过去了，书上面的笔记几乎没有，图倒是画了几幅"墨团团"。"你怎么不记？补好给我检查！"我只能这样提醒他。

有一次中午自习，他和同组的同学吵了起来，竟然用剪刀去划同学的手。我赶忙制止，没收了剪刀，查看了另一个同学的伤口，所幸并无大碍。

"你为什么要去拿剪刀划别人？"

"他骂我是光头！"他立刻把责任推到同学身上。

"他先骂我的！"同学愤怒地反驳。

我气不过，"你划到别人眼睛怎么办，你想让别人终身残疾吗？你想一辈子在悔恨中度过吗？"

他愣住了，有些畏缩。

红脸唱罢，白脸来凑。"这剪刀我没收了，以后不允许发生这样危险的事！和同学好好相处！"他嗫嚅着答应了。

那么大个子的男孩，仍像长不大一样。我有些后怕，万一真的发生什么事情，这孩子不就毁了吗？

小景在此之后稍微收敛了点，但依旧很少听课，很少记笔记，作业也很少是自己做的。期中考试前一个星期，我整理出来了三次单元考试在及格线上下徘徊的学生名字，一共有 12 个，小景位列其中。

我给他们把过去的默写再默一下，再一个个背给我听之前的古文古诗，每天占用他们放学后的半个小时，为他们查漏补缺。

小景每次默的时候都挺不耐烦，一副急忙要走的样子，说是赶公交，我也不好强留，但别的同学和我说他是急着回家玩。这次期中考试，果不其然，没有及格，看到分数后，他失落的样子，我暗暗看在眼里。"还是想要好的。"我心里默默地想。

可是，有什么办法能让他好好听讲，好好背书呢？

于洁的建议

身心发展不配套是这一代学生的常态

看到这篇文字里的小景，我的眼前闪现出我的一个学生。初一时，180

厘米的身高，若看背影，真是个成年人了。有一次课间我往教室里去，却看见他五体投地趴在走廊的地面上，一点一点往前挪动着庞大的躯体，侧着脸偷窥教室里的动静。我知道，他想要用这种方式突然吓一下走出教室的某个同学。

我一声不吭站在他的身后，他也许感觉到身后有人，一回头，看见我，赶紧爬了起来，胸前一片灰尘。我一言不发看着他，他缩了脖子，立刻溜回了班级。

第二次看到的时候，我还是用了一声不吭一言不发的方法，他尴尬地爬起来，溜回了班级。

我一点都不觉得惊讶。这一代学生，身心发展不平衡，已经是常态了。

我教小学的徒弟告诉我，小学三年级的女生已经来例假了。

男孩们的个子越来越高，与之同时的还有动不动就骨折。

网络媒体上铺天盖地的明星暴露装，电视电影里随处可见的接吻与床戏，让这一代的孩子男生女生随随便便就可以叫"老公老婆"。

似乎身心都一块儿快速发展了，但是有些自然规律是无法改变的，骨子里的孩子气还在。所以我们时常发现大大的个子像个幼儿园孩子一般幼稚。有些动作幼儿园孩子做起来是可爱，而一个大个子做起来却让人啼笑皆非，可气又可笑。

有时候，看见老气横秋、面无笑意、戴着厚厚的眼镜片的学生，我宁愿看见那些调皮的、小动作不断的、有些偷懒有些要赖有些小任性的学生，那才是这个年龄段该有的模样。

如果你把这个想明白了，再去细细看小景同学，你会摒弃从前对他的不喜欢。

个子高，眼睛小，性格腼腆，小动作不断。

小眼睛向左向右偷看。欲盖弥彰。

"下课来我办公室重默！"他呆了呆，低下了头。

半堂课过去了，书上面的笔记几乎没有，图倒是画了几幅"墨团团"。

"你划到别人眼睛怎么办，你想让别人终身残疾吗？你想一辈子在悔恨中度过吗？"他愣住了，有些畏缩。

"以后不允许发生这样危险的事！和同学好好相处！"他嗫嚅着答应了。

看到分数后，他失落的样子。

我把你文中对他的描写罗列了出来，你会发现：他不是坏学生。他就是一个不爱学习的学生。他不爱你这个老师，但也能听你的话，你批评他的时候，他还是能听进去一两句的。正如你所言，他的心里还是想要好的。他只是还处于混沌未开蒙的状态里。

这样的学生什么时候能开蒙，始终是个未知数。但这不妨碍我们老师尽己所能做些事情。

首先是改变你对他的看法：从无奈叹气不喜欢到慢慢看到他的点滴优点；从一味地批评到给一点点赞扬；从一直对他严肃地板着脸到给他一点点笑意。

有时候，学生是一面镜子，能照出一个老师是否真的有善心、爱心。

责任心是把双刃剑。

如果只有责任心，没有善心爱心，那么说出来的话就会带上尖刺，语气就是讽刺挖苦打击，学生会有屈辱的感觉；

如果责任心加上善心、爱心，那么就算说出来的话不好听，学生也能感受到老师的爱之深恨之切，学生心里对老师只会有感激。

还记得魏巍写的《我的老师》吗？"仅仅有一次，她的教鞭好像要落下来，我用石板一迎，教鞭轻轻地敲在我的石板边上……我用儿童的狡猾的眼光察觉，她爱我们，并没有存心要打的意思。"

这是我在自己读书的时候印象极深刻的句子，那时候我感觉一个老师是不是真爱学生，学生是能清晰感觉到的。

那么，小景能感受到你对他真切的关心吗？还是只能感觉到你对他的不满？

如果小景课堂上比较调皮捣蛋，但是他的成绩很不错，你会对他是什么样的感觉？

我时常警醒自己：一定不要用成绩去衡量一个学生。要做到这个真的很难，有时候看到一个学生爱学不学的样子，心里也真是气恼的。但我还是可以坚定地做到我不去厌恶他。

因为他不是那种老师批评一下就要跳起来骂老师打老师的学生；

因为他不是那种故意要和老师作对、搅得老师上不下去课的人；

有些学生，成绩很好，但是被老师批评一下就在心里恨上了老师；

有些学生自以为聪明，打心眼里看不起老师，考得好觉得是自己的功劳；

这样想着，你会觉得小景还是很好的学生，对吗？

只有老师改变了对一个学生的看法，就像对着镜子由苦着脸变成扬起嘴角充满笑意，才会觉得心头一轻松，才会觉得雨天变成晴日。

其次是采用某些方法：但凡学生，在考试制度下，都是渴望自己的功课能有所起色的。他们的心里其实还是有一根底线的。比如小景，我想及格线是他的底线。那么，就以此为标准，和小景谈一次，听听他的想法，问问他需要老师做点什么能帮到他的。若是真的傍晚要赶公交车，那么重默的时间可以改为课间或者中午。

他那么好动，不如让他专门负责给重默的同学批改，这样让他有事可做，不至于无事生非，也能帮助他记忆。

当他成为你的小助手，你们两个之间的关系就发生了巨大的改变，他会喜欢上你这个老师。

而这个年龄段的学生，喜欢一个老师就会喜欢一门功课。

亲爱的儿子，所有的教育方法，都源于一个不变的东西：真诚地对待每一个学生。哪怕你心里再不喜欢这个学生，你也要努力不让自己的话语带上冰渣子。

这是一个老师必须要具备的修养。

不放弃每个学生

○ 心怀柔软，关注一个孩子的终生成长。

新手案例

从 3 分到 41 分

小安是个很特殊的女孩。

"老师你好！"她很乖巧地打招呼，我望向她时，她的眼睛却在看别的地方。向她点点头"你好！"她的眼睛依旧在看别的地方，我有点尴尬，但是她点了点头。后来很多次这样，我有点明白，她的眼睛可能生病了，从小就是这样斜视的，但她的的确确是个文静有礼貌的女孩。

早自习，他们小组都挺直了腰板，书本竖起来放声朗读课文，除了她。她低着头，手里似乎在玩一根线头。我敲敲她的桌子，她看了我一眼，又似乎没看，但是手上的动作停了。

"读书。"我轻声说道，她马上在课桌里翻找她的语文书，我瞥了一眼她的课桌，挺乱。

似乎只是普普通通的发呆。但一而再再而三，无论是早读或者上课，她都需要人提醒，小组长提醒，同桌提醒，老师提醒，她都是后知后觉，看这样子似乎是自暴自弃了？可是她被提醒之后又一本正经地在看书。

平时的作业，凡是需要动脑筋的，一概不写，只完成抄写作业。她的字也很有特点，很大，每一笔每一画都像是用握拳的姿势写的，歪歪扭扭，没有笔画的顺序。为了字，我找了她多次，她每次都说不会写，久而久之，也就只能减少她的作业量，每天至少完成一两项作业。

单元测试，果不其然，3分，只蒙对了一道选择题，我哑然失笑。评完试卷我说想找她谈谈，她立马从教室到办公室，很有礼貌。

"这次考试都不会做吗？"她点点头，"作文呢？""没来得及写。"因为是课间，我们交流的时间很短，可以用言听计从几个字去形容她了。

"先写作文，其他的能写就写"，嘱咐完这些，她拼命点头，我也算是松了一口气，生怕她说不想学，既然肯听话，就肯定有办法。

听正班主任说，小安担任历史课代表，并且工作认真负责，于是我也找了点事情让她做做，比如语文课上课前提醒同学们要准备什么东西，她总是能完成得很好。

默写时，她会发呆，不知道默什么，手里没有笔，桌上没有默写本和书，几乎是次次都要提醒，可能是小学里老师们努力过但是没有什么结果后对她听之任之了吧，我不想就这样放弃她，心里想着还要多加提醒才是。

期中考试过后，我夸了她，因为她按照我的意见，先写了作文，还写了一点其他的，考了41分。

记得考试结束后语文老师们集中在办公室分发各班答题卡的时候，老教师抓了一张纸喊道："这谁的啊，怎么基本只写了个作文？"当时别的老师都是蛮生气的，只有我一脸笑意。

"是不是小安！"我得到了肯定的答案后，几乎要笑出来了，"她考成这样很不错了！原来还是交白卷的。"我笑着解释道。

在家长会上，我整理出来了进步较大的同学的名单，小安也在其中，我狠狠地夸了他们。

本以为这只会对他们稍微有点推动力，可是，千万不要小看一个老师对一直得不到赏识的孩子狠狠赞赏的影响力。这不，这个周六的早晨，我还在被子里睡得迷迷糊糊时，一个电话过来，是小安！

依旧很有礼貌，"老师，我是小安，这个周末我可以写一篇作文吗?"

我一瞬间清醒了!

"可以啊，当然可以，写好了记得拿给我看!"

我生怕她反悔，早早地挂了电话。

期待周一的到来!

于洁的建议

把她当成一朵金盏花吧

你笔下的小安，让我想了很多很多。思绪有点乱，有很多点，点与点之间也许没有太多联系，所以用序号来标注。

①

妈妈这个年龄的人，都是看着琼瑶书长大的。其中《金盏花》是给我印象最深刻的一本。

纤纤天真单纯，怎么也读不来书，但是却对园艺情有独钟，能叫得出各种花的名字，了解各种花的不同习性，当她徜徉在花园里的时候，她快乐得像只蝴蝶一样。

我在看这本书（后来又改编成了电影）的时候，除了感慨每个人都有某方面的天分外，也对金盏花发生了兴趣。

在菊花摇曳生姿的时候，人们对墨牡丹、白牡丹、玉翎管、瑶台玉凤、雪海、羞女、仙灵芝之类名贵者爱不释手，却对路边随处可见的金盏花（也叫金盏菊）这样的小野花熟视无睹。

是啊，它太普通寻常了。

我们的教育，有时候像极了这样的审美。

而大自然这个老师，真正做到了爱每一朵花，在她的怀抱里，每一朵花都享受着阳光的照耀、雨露的滋润。

②

有一次买化妆品，发现成分里有金盏花，很是惊讶，于是细细去查金盏花的功效。

惊讶地发现它有美容功效，契尔氏、瑞士 magic care 魔法护理等化妆品品牌都很强调它的美容功效，是必选的功能性成分之一。

在查看功效的时候，我看到了它的习性：它喜欢充足的阳光，充分的日照会对它的生长十分有利。而如果雨雪天，光照不足，它的叶片就会发黄，根部腐烂直至死亡。

你笔下的小安，就是这样一朵金盏花啊。

她无法选择自己出生的样子，她的眼睛天生就是这样似乎无法正视看人，这是她一生会被别人用异样的眼神看待的痛苦了，也许随着年龄的增长，少女爱美之心渐起，她会有更深的苦痛。好在现在的她安安静静的，彬彬有礼的，安静有礼得让人心疼。

从 3 分到 41 分，你在家长会上狠狠地表扬了她的进步，这点对别人而言微不足道的分数，对她是多么大的飞跃；这点对别人而言忍不住要哂笑的赞扬，对她是多么渴望而温暖的阳光。

让她在阳光下吧，金盏花是给点阳光就灿烂的花啊。

③

讲个白色金盏花的故事给你听。

金盏花是橙黄色的，它长成了太阳的形状，太阳的颜色。而美国一个园艺所贴出了征求白色金盏花的启事，高额奖金让人们趋之若鹜。但是 20 年过去了，没有一个人培植出白色的金盏花，因为太难太难了。

有一天园艺所收到了一粒纯白色金盏花的种子，寄种子的是一位年逾古稀的老妇人。她是一个地地道道的爱花人，20 年前她看到启事后怦然心动，于是撒下了普通的金盏花的种子，精心侍弄。花开以后，她选了其中花开颜色最淡的一朵，任其自然枯萎，以取得最好的种子。次年，又把这样的种子种下去。花开后再选其中颜色最淡的花的种子栽种。春种秋收，周而复始，20 年中，种出白色金盏花的愿望在她心中根深蒂固。

终于有一天，她看到了园中一朵金盏花，如银如雪的白。

一个园艺专家无法解决的难题，在这个不懂遗传学的老妇人的长期努力下，迎刃而解。

以心为圃，以血为泉。培植、浇灌、等待，是一种坚持不懈的信念与追求，再普通的种子，种在心里，也会开出一次最美丽的花期。

成大事者，不在于力量的大小，而在于是否有长久的专注与毅力。

④

在一个老师一生的教育生涯中，总会遇到几朵小安这样的金盏花。

一开始，都会在心里对自己说：我要好好疼她，我要给她阳光雨露。

但时间长了，在努力与失望的一次次反复中，很容易渐渐失去了耐心，渐渐变成听之任之。

人的一生总会完成几次蜕变。

对于小安而言，她的未来还是一个未知数，现在下一切结论都太早太早，更何况老天从来都是公平人，关了门必定开个窗，书读不来其他某个方面也许就有什么天分，人的一生就是来寻找自己的某个天分的。

对于一个老师而言，也是如此，从一开始盯着 1 分 2 分 3 分的成绩，到心怀柔软，关注一个孩子的终生成长。

不为了学习而学习，是教育要走的漫长的路。

在艰难地走这条路的时候，不鄙视、不踩踏长在路边的金盏花，而是蹲下身去，欣赏她的美，那一刻，你和她的心都是平静愉悦的。

⑤

金盏花的花语是"别离"。

于初中生而言，我们这些老师和学生的相聚，是短则一年长则三年后的别离。

别离后，当学生想起你这个老师，是微笑着还是沉默不语？

只要真心付出，曾经洒下过阳光雨露，我们终究还会见面，就像那一朵朵金盏花，是"为了再见的别离"。

面对焦虑的家长

○ 对孩子最好的教育就是家长做最好的自己。

小木，我和你前方的路都还很长

周五的晚上，小木的妈妈给我来了电话，和我聊了好一会儿，不知道怎么的，竟然和我聊到了家长里短。我知道了很多关于小木的故事，心中也是万分感慨，孩子的改变和家长的信任是显而易见的，短短两个月朝着好的方面成长，我可以说是万分惊喜了。

两个月前的那些事，浮现在我的脑海里。

开学第一周，我接到了一通电话，电话那头的家长一直不断地说自己孩子的习惯不好，多动、喜欢讲闲话，担心孩子成绩上不去。

由于是刚刚开学不久，我对于孩子们的名字尚且不能熟记，更不用说去观察他的习惯了，于是安慰家长一切刚开始，我会帮他盯着点的。但家长似乎不满于我的回答，和我说他们在学校附近租了套房子，希望我能搬过去和他孩子一起生活，他们家照顾我的生活，我来照顾孩子的学习。我哭笑不得，也因此记住了小木的名字。

通过一段时间的观察，我发现小木是比较活泼的一个，喜欢上课评论别人的话，引起别的同学的注意，扰乱课堂秩序，的确有家长说的种种不良习惯，人也古怪精灵。

　　为了能够更好地了解他，我想了各种方法，甚至在学校组织的义卖会上购买了他带过来的仓鼠，希望能够和他有更多的话题，更多的交流。

　　渐渐地，我对他有了很多的发现。

　　他是一个细心的人，能够为我的仓鼠想到各种需求，他为我提供仓鼠的盒子，又建议我买两个仓鼠的玩具；

　　他是一个有原则的人，义卖会时我没有带够钱，他为我留着最后一只仓鼠，谁来都不卖……

　　前几天下课，我走进班级，听到一阵拍桌子的声音，却又不像是乱拍的。我细细听了一会儿，嗯，是有节奏的，有韵律的。

　　"原来你喜欢架子鼓呀，"我笑着对他说，"不错，有模有样的。不过声音可以轻一点。"

　　他原本低下头，以为会被我骂。听我这样说，瞬间抬起头，眼里充满喜悦。他点点头，指着另一个孩子说上次听到他打架子鼓，很佩服，也想学。我笑着对他点点头，表示肯定。不一会儿，有节奏的但是声音小了很多的"鼓声"在我脑后传来，和着明媚的阳光，洋溢着快乐和温暖。

　　思绪回到现在，孩子母亲电话里的家长里短中仍然叙说着小木的事情，小时候体弱多病，可能过于溺爱，所以习惯不是一时半会儿改得掉的。这次家长会，她听我说要对孩子多鼓励，受益匪浅，因为她觉得自己对孩子没有耐心。她听到我对待没有写作业的孩子、成绩差的孩子们都这么有耐心，觉得自己也要改变一下对孩子的态度。

　　这次期中考试，小木考得还行，语文 101 分，其他功课也不错，进了班级前几名。但是听他妈妈的意思似乎还是很忧虑，说他回家写作业花的时间很少，担心成绩会受影响。我笑着对家长说："你看，你刚说要对孩子多鼓励，这会儿怎么转不过来了呢？孩子的作业是完成了的，并且花的时间很少，这不恰恰说明他学习方法正确、效率高吗？你担心他到了初二会跟不上，担心他到了初二物理学不来，现在他通过努力成绩很不错，你怎么知道他到了初二就不行了呢？还是要多加鼓励才好，这是一个心态的问题，要是你自己心态都不好，又怎么能让孩子朝着积极的方向去成长呢？"

小木母亲在"好好好，谢谢老师谢谢老师"声中挂了电话，我发呆了很久。小木妈妈在电话中对我多有推崇，是因为她看到了孩子的成长，但我不能懈怠。小木的成长告诉我，我的努力是有收获的，可是未来，问题总是会接连不断地到来，对我，对小木，前方的路还很长。

于洁的建议

和焦虑的家长打交道，教师需要专业性

小木的母亲是典型的焦虑型家长。

焦虑型的家长有以下三种类型：

1. 家长本人受过良好的教育

家长有一份体面的工作，对孩子的成绩（注意，不是成长）怀着很高的期望，对孩子的教育参与度很高。但是这是一把双刃剑，一旦发现孩子没有达到自己的期望，就会陷入焦虑深渊，看自己的孩子越看越觉得问题多多，当发现自己在家里与孩子沟通无法解决问题时，则会向老师求助，恨不得即刻解决问题。

2. 家长本人自身成长过程中经历过学业上的欠缺

对自己人生的不满意归咎到自己没有考上名校、没有在读书上出人头地，对自己不满意的结果就是期望有一个令自己满意的孩子。把自己和孩子捆绑在一起，似乎孩子成功了就可以弥补家长自身的欠缺。于是，为孩子学习举全家之财力，全家的心情都随着孩子的成绩而起伏不定，一旦把一切都扑在孩子的学习成绩上，期望越高，失望越大，焦虑越强。似乎孩子现在的学习成绩直接与孩子未来能否拥有幸福人生这个终极目标密切相

关，这样的家长怎能不焦虑呢？

3. 虚荣心过强，攀比心很重

我可能赚钱没你多，房子比你小，可是我孩子成绩比你孩子成绩好，我就可以在你面前扬眉吐气。亲戚朋友聚在一起，凡是生儿育女了的，都会很快把话题引到孩子的学习成绩上。一场考试后几家欢喜几家愁。孩子的成绩，决定了家长脸色的阴晴变化。家长心中眼中只有孩子的成绩，自然特别容易变得患得患失起来。

面对这样的家长，老师该怎么办？

1. 多角度客观评价学生，矫正家长眼中孩子单一的模样

这个做法需要老师本人有正确的教育理念，全方位评价一个学生，而不能被家长绑架，成为焦虑型教师。教师与家长沟通时，除了成绩，要多和家长聊聊孩子其他方面的情况，在家长面前做一个榜样，让家长有多角度看待自己孩子的意识。而这个做法，需要教师平时注重对学生的细致观察。

2. 召开小型家长会

可以按照上述三类家长来分类，分别召开家长会，善意暗示、明确提醒焦虑型家长们要"自救"：重新规划自己的人生，重新认识自己的孩子，把自己从过度参与孩子的成长中抽离出来，从焦虑不安指手画脚到相互尊重，不要有教育上的精神洁癖，不能容不得孩子的一点点错误。拥有一颗平常心。

3. 教师要告诉家长，教育需要温柔的坚持

教会家长不要纠结做虎妈还是猫妈，要了解自己孩子的性格。孩子抗压性强，可以严格一些，孩子承受能力差，可以温和一些。原则性问题上不放松，多了解孩子，而不是一味干涉孩子。

4. 提醒父亲抽出更多时间和孩子待在一起

家庭中父亲角色的缺失，是母亲焦虑的重要原因。一个母亲又当爹又

当妈，不焦虑才怪。家庭教育是一块跷跷板，一端父亲，一端母亲，平衡的两端才会教育出心绪平和、阳光向上的孩子。

5. 教会家长如何与孩子沟通

可以采用先说几个做得好的地方加以肯定，再提出一条建议提出期望；告诉家长，对孩子最好的教育就是家长做最好的自己。想要让孩子喜欢上阅读，就要在家庭中确定好某段时间，全家人都不玩手机，孩子在客厅桌子一端做作业，家长在另一端静静看书或者工作。确定某个时间段，全家一起做家务，让孩子参与家庭管理，才能清晰感受父母的辛苦不易，才有学习的动力。

小木的母亲属于哪一种焦虑型家长，有待于观察了解。

我更欣赏你两个方面的处理：

一是在义卖会上购买小木的小仓鼠，让小木与你有更多的话题；

二是课间听见小木拍桌子时没有主观臆断，而是肯定了他的拍击节奏，尊重他的兴趣爱好，并提出友善的建议。

有时候，要改变家长是极难的，变数很多；相对而言，改变一个学生的概率更高一些。小木家长的家长里短、谢谢老师，是建立在小木有进步的基础上，但是一个孩子的发展充满了变数，好在你已经做好了充分的思想准备，来日方长，路漫漫其修远。

送你一句日本演员高仓健说过的话，虽然他说的这句话是谈他对电影的了解的，但是用在教育上也非常契合。

他说：这是一日无法耕耘穷尽的田地，这是一日疏忽就会失去的田地。

亲爱的儿子，愿我们尽心耕耘，从不掉以轻心。

当师生拥有同一个秘密

○ 教育的目的不是让学生乖乖听话，而是激发他们内心的能量，让他们对
　身处的世界充满勇气。

新手案例

老师，你也喜欢龙珠吗？

第一眼看到的他，矮墩肉嘟，着实可爱。

一个月后看到的他，游手好闲，不思进取。

"我作业本没带。"这是小青对我说过的最多的一句话。

"快找我来重默。"这是我对小青说过的最多的一句话。

我们师生二人交流的机会很少，总是因为没有合适的媒介。因为能引起话题的作业本，他都说没带。

我细细地数过，他的默写本，有 5 本，只有一张纸的更是无数。任何一本在手头的之前没有默写过的本子他都能用来默写，以便逃掉前一次重默和订正。

我不是没试过让他当着我的面抄，他一脸不愿意，我稍微凶一点，他就拉下脸不愿配合，很令我头疼。

联系过他的家长，并没有多大起色，只能希望有一次契机，能够让他听话学习。

契机在于我的一件衣服。

正值夏季，当我在下课时间走进班级时，无人注意，唯有小青。

他跑上来看着我说："老师你喜欢看龙珠吗？"他指指我身上的那件印有超级赛亚人图像的衣服，我笑着点点头，"你也喜欢看啊？"我和他只说了几句话，就各自忙自己的事情了。

第二天早上，不出意料，他还是没有交作业，我走到小青旁边，"你没交作业吧？"很随意的语气，他抬起头，惊讶地看着我，似乎在疑惑为什么我是这种比较温和的语气。

"昨天的作业很简单的呀，带了就做一做嘛。"依旧是说完就去巡视教室别的地方，但我在暗中打量他，他在课桌里翻了一会儿，竟然真的拿起作业来做！

不一会儿，他拿着作业来找我，只做了一半，但我看得出他已经尽力了，全做才奇怪呢，我会猜测他可能是抄的。

此后的每一次默写，我都会把他喊到我身边，和颜悦色地和他说清楚问题。他的默写本慢慢地从五本减少到两本，作业的上交率也在慢慢地提升，我也会抽空和他聊聊他喜欢的动漫人物以了解他的喜好。

但是坏习惯不是一天两天就能改正的，他上课仍旧喜欢东张西望，自习喜欢拿着小东西把玩，不过已经从需要大声地呵斥到一个眼神他就会比较乖地坐好，虽然保持的时间很短。

我仍旧是希望每一个学生都能够学好，考上高中，但是面对小青这类学生，好动、不爱学习，怎样才能让他肯学习、爱学习呢？还是很困惑。

于洁的建议

当师生拥有同一个秘密

你笔下的小青，让我想起了很多年前的一个男孩。

小季，瘦小，眼睛小到几乎看不见，但只要看你一眼，就可以看到满满的不以为然。

听课的时候，姿势与众不同，其他学生都是手放在桌子上，身体前倾，时刻做好了记笔记的状态；而他，与桌子的距离离开一个小臂的距离，左手环抱自己的腰，右手心不在焉转着自己的笔。

在教室里，他的与众不同如此不和谐，以至于老师们都觉得不爽。终于等到了一次大型考试，他的成绩中等偏上。老师们都说如果他的听课效率能有某某某的一半，肯定能妥妥拿下前三名。当我和他说起这个的时候，他很奇怪地看着我说："为什么一定要考前三？我觉得我现在这样挺好的。"

我顿觉吃了一记闷棍。《吐槽大会》的李诞如果那时候在我身边，我一定告诉他："没你啥事了，真正的佛系青年在这里。"

后来有一次下大雨，体育课没法进行，说要改成自习课。我看着学生们失望的眼神有点不忍心，于是借来了各种棋类，怕声音吵到其他班级，我带着他们来到学生餐厅，让他们下棋玩玩。那是还没有手机和电脑游戏的年代，女生们能下跳棋、五子棋，男生们能下四国军棋，实在不会的也能玩玩翻棋比比大小。

我喊了一声："谁能下象棋？"

我身边围来了三个男生一个女生，指着小季说："我们水平不行，他还是挺厉害的。"

我做了个邀请的手势，小季红着脸坐在了我的对面。四个"吃瓜群众"顿时来了兴趣，坐在我们身边看棋。

小季有点紧张，他摸不清我的底细。我也有点紧张，但是想好了若是输了也没啥，为何一定要赢了学生呢？

几步下来，他更紧张了，甚至摆了个乌龙被我毫不留情吃掉了他的炮。

"我太紧张了。"他说。

"是因为他们围观吗？"我笑，"你水平不错，应该可以赢我的。要不，这次不算，我们重来？围观的同学走开吧，不然他又要紧张了。"

重来的那局，他果然有所调整，攻势凌厉起来。我小心应付着，却发现他摆子迟疑起来，踌躇之下，他下了一招致命的臭子，自己却还没有发现。

"你和别人玩一会儿吧。"我站起身来。

"老师，你还没下完呢。"他急切地喊我。

我指指那个臭子，他瞬间明白过来，面红耳赤。

"好好的，怎么又紧张了？"我笑他。

"想赢，以为可以赢，所以反而紧张了。"他懊丧着。

"为什么一定要赢？我觉得就这样下下挺好的。"我模仿他的语气说。

"可是这样没有成就感呀！"他脱口喊道。

"赢了当然很有成就感，可是你未必赢得了我，输了岂不是很没面子？"

"输了就再来。"他说。

"不错，好多人都会因为怕输而不敢挑战比自己厉害的人呢，宁愿安于现状，这样比较安全。不过你倒像个男子汉。"

"老师，那我们再来一局吧？"他的小眼睛很难得地睁大了。

"好。你放平心态，输了也没啥，对吧？"我说。

我们下了个平局。

回班级的路上，好几个学生凑上来打听："最后一局谁赢了？"

我和小季异口同声说道："不告诉你！"

上课时再看见小季似乎漫不经心的样子，我不再觉得不舒服，他同一个宿舍的学生告诉我，看见小季熄灯后悄悄坐在厕所里背英语。而他最后考取的学校也是相当不错。

我写下小季的故事，是觉得也许你和这个小青同学也能共同拥有一个秘密。

正如你所言，你们师生间之前交流的话题仅限于作业，以至于相看两厌。直到他看见你身上的那件印有超级赛亚人图像的衣服，了解到你们有一个相同的爱好——龙珠。你们之间无形中拥有了一个共同的秘密。

我想，如果有一天，一群人走过一个印有龙珠图像的地方，别人无动于衷，而你俩会相视一笑的。

你对他变得和颜悦色起来，他也悄悄有所改变。毕竟，你们也算是知音了，知音之间不该恶语相向的。

问题是你并不满足他的那一点点改变，你依然贪求更多。你还是想在学业上看到他更多进步。那么，你该寻找更多的知音点。

比如：私人订制一个龙珠印章。每次他交作业了，或者做得还不错，或者默写有点进步，你就盖个龙珠印章在他的本子上。我想这样他就不会再随意乱换本子了。

比如：定个契约。如果有了某种程度的进步，你俩就互送对方一本龙珠漫画书。当然这个进步应该是他跳一跳能够得着的那种。

除了龙珠，我想你还会找到更多的共同点的，毕竟你的年龄并不比他大很多，你在他这个年龄一定也有过某些和他相似的爱好或者经历。

小青同学这个年龄的男孩子，好动是正常的，尤其是在学业上得不到成就感以后，一定会在其他地方去寻找。于是他们会在学业上表现出心不在焉马马虎虎的样子，自习课讲闲话，听课时转笔，课桌里一堆乱，不愿意做作业，被老师批评了就露出恨恨的表情……

教育的目的不是让学生乖乖听话，而是激发他们内心的能量，让他们对身处的世界充满勇气。

很多人不愿意奋斗，不愿意挑战自己，是怕输，所以会选择懒洋洋安于现状。如果一个老师和一个学生拥有一个共同的秘密，成为某个点上的知音，那就给了学生很大的安全感和一个重要的信息：别怕，我这个老师会陪伴你一起接受挑战。

输赢无所谓，但是挑战的过程很开心，因为我们在一起。

日本漫画家鸟山明的《七龙珠超级赛亚人》中，亚莫西的灵魂一直在漂流，寻找着六个有正义之心的赛亚人，来推翻邪恶赛亚人。

我想，学生也同样如此，他们有时候也在彷徨、踌躇、漂流，也在寻找能量源，来激发他们自身的超能量。

每个人的一生都在寻找六个有正义之心的赛亚人吧，老师就是其中的一个。

成绩不好真的是因为懒惰吗

○ 教育的艰难就在于要挖掘深层次的原因，而教育的有趣也就在这里。

懒惰的你给了我一个拥抱

"语文老师下午要出去培训，下午的语文课自习喔！"正班主任在教室里宣布。

不知他们下午在教室里乖不乖？有没有认真对《西游记》练习的答案？我心里暗想。

为师四个月，因为做副班主任的缘故，我对学生们的感情夹杂着各种情愫。

结束了一上午的学习活动，我接到了一个通知，下午可以回学校了！暗暗揣测他们看见我走进教室时的反应。

预备铃声响了，我信步走进教室，抱着一堆他们的默写作业。

"咦！语文老师！"眼尖的前排同学喊了起来，正准备回座位的他们定住身形，回头惊喜地看着我。我一脸笑意："惊喜么？"他们开始喊着"你怎么回来了？""耶！"

我很开心，原来他们是喜欢我的。

刚把作业放上讲台，小南走上来给我一个拥抱，突如其来，我有些僵硬，"老师你回来了！"说完小南就跑开了。

我眼含笑意地看着他，又望向了同学们。这一刻我感受到了教育的幸福。

小南个子小小的，但他拥有与众不同的粗犷声线，他喜欢讲话，自习课时每次一发出声音，我头都不用抬起来就知道是他在讲话，"小南！"他望着我，我也望着他，他立马不好意思地低下头找作业做。

小南很善良，懂是非。语文课上能积极讨论，努力思考，大部分时间都很认真。但是仅限于上课，一到下课，几个小男生三五成群，开始弹橡皮，开始拍手游戏，开始追逐打闹。尽管他身上还背负着语文、英语的默写重默任务和数学的习题任务。

"作业还没补好就在玩！"几乎每个任课老师都说过类似同样的话。

期中考试过后，我特地看了小南的成绩，不怎么理想。考完的那段时间，小南沉默了一点，看样子是家长已经说过了他。但过了几天，下课时进教室，依旧欠着作业玩耍。

我走到他旁边，几个男生识趣地收起橡皮，垂手低头。我对小南说："对于这次的语文成绩，你有什么想对我说的？"他嗫嚅着："我考得一点都不好。"随即他猛地抬头，把别的同学支开，"老师！我该怎么办？"

看着他真切的眼神，我不忍告诉他他的成绩有多靠后，"课间拿着你的语文试卷来找我。"他赶忙点头，然后回座位开始补作业。

看着小南，我仿佛看到了当年的自己，迷茫、想努力，却被一次又一次的失败打击了信心。

为他分析了试卷的得失，为他解答试卷上的疑惑，却一时也找不出好的方法为他"医治"根本——"懒惰"。只能时刻抓着他，却又无法只顾及他一人，我心里很苦恼。每天默两首基础的古诗，每天练一会儿字，每天背一会儿书，希望他能够坚持下去。

于洁的建议

成绩不好真的是因为懒惰吗

如果仔细观察，几乎每个班级都有这样一种学生：上课似乎反应还挺快的，举手也挺积极的，当场理解能力还是很不错的，给老师的感觉是学习能力挺强的。

但是，只要一落笔，都是错。只要隔一天，完全忘记了昨日所讲的内容。

第一次，老师觉得挺惊讶，以为是马失前蹄；第二次，老师觉得不可思议；第三次老师开始觉得苦恼。到底是怎么回事？为何课堂上的表现和实际考试水平大相径庭？等到发现这样的学生连默写都无法过关，要一次次重默时，老师几乎要对这样的学生丧失信心了。

学生自己也很苦恼，为什么自己的成绩总是提不高？

老师们发现这样的孩子一下课就玩得很开心，玩的东西也挺幼稚的，弹橡皮、拍手、追逐打闹。于是老师们叹口气说："作业都没有补好就在玩。"

其实，下课就是要玩一会儿的，若是下课了也还像个木头人一样呆坐着或者看书做作业，这本来就是不正常的，不应该被认定是刻苦的标志。

那么这样的学生到底是哪里出了问题呢？

首先是对学习的理解是错误的。

这样的孩子一般情况下人比较善良单纯，心理年龄偏小。从读书的一开始，就把上课当成了看戏。他们在"看戏"的时候注重热闹，只要老师讲到有趣新奇的东西，他们就表现出强烈的兴趣，而这种兴趣只是浮于表面，并没有深究事物本质。一旦老师所讲的内容相对平淡，他们立即失去了兴趣。

因为心理年龄偏小，他们也爱表现，积极举手这件事情有时候是好事，但某些时候也意味着没有静下心来更深层次考虑就急于发表意见。而很多老师是很喜欢热闹的课堂的，会给这样的孩子很多次表现的机会，这也助长了这样的孩子浅层次思考问题的坏习惯。

一旦下课，"戏"就看完了，散场后谁还会想着刚才的"戏"呢？原本就只是一场热闹而已，忘了就完全忘了。

"戏"看完了自然是要完全放松自己的，于是一群孩子一下课就开始演自己的"戏"了。

这种情况，男孩子偏多一些。男孩子的心理年龄比同龄女孩要小一些，男孩子的学习本身就喜欢在动态中完成。

其次是没有做好小初衔接工作。

小学里的知识点相对少一些，就算上课"看戏"，课后做完作业就完事了，只要考试前复习一下，冷饭多炒炒，也还是可以得个八九十分的。

初中就不一样了。科目多了，知识点多了，是小学的很多倍。难度也瞬间加深了。尤其是在语文上，一旦课外大阅读进入试卷，一旦考到一些深层次的问题，败下阵来的往往是这些上课"看戏"的心理年龄偏小的、静不下心来仔细阅读的、理解比较肤浅的男孩子。

艾宾浩斯遗忘曲线说：睡一夜，昨天讲的80%的内容都会遗忘。那么小南这样的男孩子原本就是一下课就把一切抛诸脑后了，回家也没有复习当天知识的习惯，第二天也没有温故知新的补救行为，一旦默写或者考试，成绩差是肯定的了。

"学而时习之"，是初中学习中很重要的一种方法。这种习惯需要老师带着学生一次次练习，需要家长在家里帮助孩子养成这样的习惯。而小南这样浅尝辄止的孩子，往往会在稍微一看书后就说"好了，我复习好了"。

这样的孩子因为心理年龄偏小，所以会有很可爱的地方。比如他会因为一个上午没有见到你这个老师而在见到你时来给你一个拥抱，也会在老师面前因为成绩不好而流露出真切的苦恼。也许这样的孩子老人带大的居多，他需要一个成年人给他强大的力量。

小南的学习习惯已经持续了六七年了，要改变是很困难的；如果家庭没有做出很大的努力帮助孩子完成小初衔接、做好学习方法的转换，那么小南的现状要得到改变是很困难的。

好在小南是个可爱的小暖男，他对你有真挚的情感，那就以此为抓手，以朋友方式交流，而不是居高临下去教育这个孩子改变学习习惯和方法。一旦小南发现你的平等与期待，这个孩子也许可以慢慢长大起来。

在课堂上，你要和小南心照不宣，那些简单的回答就不要喊他了，让他回答一些有些深度的问题，培养他的深层次思考能力。

放学时提醒他回家完成作业后复习哪些重点内容，以备第二天的考查提问。

这样的孩子需要老师带着他做好复习资料的整理工作，如果时间许可，你甚至可以让他帮你做复习资料，这是一个很好的总结巩固提升的过程。

粗心、懒惰、贪玩……这些词语，常常成为学生考不好的理由，其实，真的不一定。教育的艰难就在于要挖掘深层次的原因，而教育的有趣也就在这里。

学生的学习一直原地踏步，怎么办

○ 竭尽全力，直到无能为力。

新手案例

9个学生8个改，唯有小言老样子

从九月开学至今已经有三个月时间过去了，按照老妈的指导方针，我对小言、小皮、小明、小意、小景、小安、小木、小青、小南这九个孩子做出了一系列方法上的改进。

在这之前，小言、小青讨厌语文；小皮、小安不爱学习；小明、小南懒惰不交作业；小意、小景、小木爱耍小聪明、好动。

在学习态度上有很大转变的有小青、小安、小南、小意、小木、小皮、小景、小明。他们或多或少的改变了自己原先学习语文的不重视的态度，转变成了每天的作业基本完成，默写重默任务积极完成，上课守纪律，基本保持认真听讲。

小青看到我会对我笑笑，虽然笑得傻乎乎的，但是他会第一个找我重默，看得出他很努力地要认真，但是上课还是喜欢有小动作；

小安这星期又主动找我写了一篇作文，希望她能坚持下去；

小南在我的监督下很认真地完成每个任务，希望他能再自觉一点；

小意再也不和我顶嘴了，而是很注重语文成绩，时常还和我开玩笑；

小木给我看了他画的画，看得出他很在意我的看法，我当然对他给予很肯定的鼓励；

小皮的习惯比以前好多了，课上不捣乱，课下来帮忙。

小景则是很积极地完成他第一次没有做好的作业，并能够很认真地去背书；

小明一直在默默地改变，我能看得出，他下次考试会更棒。

只是小言，在略有改变一两天后又恢复了原样。

我不禁感慨妈妈的远见卓识，她早已看到事情的发展顺序。妈妈在给我写的关于小言的文章后点评说："我说这些，是想提醒你别高兴得太早。反复是正常的，一蹴而就是极少的。我能理解你非常喜悦的心情，毕竟那是一个很大的进步，也是你运用了正确的方法获得的结果。但你必须做好下一次他又有畏难情绪而不来重默的思想准备。"

没错，他现在依旧会在上课时在课桌上滴两滴水，然后玩个不亦乐乎；

依旧会撕碎了纸团甚至把责任推给对面的同学；

依旧上课不听讲，坐在投影仪边上甚至会乱动投影惹全班同学不快。

眼看着他一天天的浪费时间，无所事事，心中便想起了他有所改变那几天的放学时间，他会天天过来重默，可能有部分原因是家长的叮嘱，还有我的不断督促，以及他自己的努力。但是现在却很久没有见到他主动来重默的身影了。作业交了，但是总会做得不认真，我想着，他本来上课就不听，作业做得好我还要去怀疑他抄作业。

每逢我的早自习，我都会让一些基础不好的同学默写之前的古诗，小言也在其中，经过这一番监督，我发现了他更深层次的问题，古诗他是肯背的，也基本能够背出来，但是一些基础的字不会写，每次默写都是错得离谱。

这一只蜗牛，爬得慢我不担心，可他真的连爬都不愿意爬了。

我心中泛起浓浓的无助感，我再监督他，也不可能为他一个人去帮他学那些小学里就该掌握的字词，只能语重心长地对他说："老师知道你花工夫背了，也能够背出来，但是考试的时候是看你字写得对不对，如果你的字不会写，那你之前花的工夫不都白费了么？"

他点点头，我吐出一口浊气，希望他能够听进去，不然真的会和别人的差距越拉越大。

于洁的建议

竭尽全力直到无能为力

很开心，九个学生八个有进步了。这已经是特别让人喜悦的事情了，若是真的九个学生九个进步，那你我就是神了。

这世间没有神，只有一直在努力的人。

在妈妈的一届届学生里，尽管妈妈已经竭尽全力，但是依然有学生是油盐不进的老样子。这是正常不过的事情了。

农民辛苦耕耘，也会遇到不良的种子，不好的土壤，天灾人祸，很有可能一年到头面朝土背朝天却颗粒无收。

教育也是如此。有时候在一个学生身上付出了很多很多心血，却总是反反复复进进退退最后还是老样子。

这是教育中最真实的状况。你要做好这样的思想准备。

陶渊明的《归园田居》说他"晨兴理荒秽，带月荷锄归"，多么辛苦的早出晚归，多么努力的耕耘种植，可是结果呢？"草盛豆苗稀"。

可是陶渊明说："道狭草木长，夕露沾我衣。衣沾不足惜，但使愿无违。"

好一个"但使愿无违"！

教育需要这样的保持初心。

小言的问题是小学里很多基础性的词语都不会写，动作又很慢，就算把古诗文背出来了，默写还是错字一堆。在这个问题上，没有任何快捷的途径，只能一次次抓他过来矫正。

如何让抓过来重默不成为他的一件苦事？

我想起他曾经与你的关于《西游记》的对话。小言虽然落笔写字一塌糊涂，但是却喜欢问问题，爱动脑筋，尤其是在《西游记》的学习中，更是有点兴趣，能够在阅读时提出自己的一些想法。

我还记得他的那些好玩的问题："孙悟空能大闹天宫为何却打不过一群妖怪？""他能一个筋斗十万八千里，为何不带着唐僧飞去取经？"

我想你可以对小言说："你每次主动来重默，我们都来聊聊《西游记》里一个好玩的事情。"

这对你也是一个很大的考验，你自己需要对书中的内容了如指掌，才能和小言一起来个研究性学习。

在此基础上，不妨开出你班级的"小言聊斋"，每次一两分钟，上讲台聊一个《西游记》的问题。说不定就成为一个品牌节目呢。

在中考的现实中，我们的很多学生还是很可怜的。能够读普通高中的人也就是 50%。普通高中的大门对有些学生而言就是紧闭的。希望每一个学生都能考上普通高中，这是一种奢望。

在目前的形势下，家长都希望自己的孩子能够上普通高中，将来能够上大学，似乎上大学是孩子唯一的出路。

在这种情况下，很多小言这样的学生会很痛苦，很多遇到小言这样的学生的老师也会很痛苦。老师求学生认真读书，学生反感老师追着他读书。

如何解决这样的问题？

首先老师心中要有数。这个学生到底能够学到怎样的程度？

其次老师要有好心态。我尽力而为，我问心无愧。

再次寻找一个突破口。直白要成绩是要不来的，可否找到一个学生有兴趣的点切入。

　　我的工作室有一个 LOGO，是一只手的图案，每根手指都使劲伸直张开。

　　它的意思有两个：一是提醒自己，每根手指都长短不一，学生的情况也是如此参差不齐；二是竭尽全力，直到无能为力。

　　你聪明的，一定懂我的意思。

学生的学习和兴趣爱好发生冲突怎么引导

○ "成功之前做你该做的事，成功之后做你喜欢做的事。"

鱼和熊掌真的不可兼得吗

第一次认识小婷，是在开学第一次默写时，她交了白本。

开学伊始，费了很大力气去帮所有的同学搞明白课堂默写本、回家自默本、抄写本、重默本。结果开学第一次默写，小婷不仅交错了本子，而且一个词语都没默写出来，唯一能够证明她参与了默写的，是那几个歪歪扭扭的序号。

之后的大多数默写，几乎都需要重默。无论是什么时候和她谈起古诗的默写，她要么茫然无措，要么只是点头或者摇头，似乎很难和别人交流的样子。

语文课十有八九打瞌睡，但她没有明目张胆地趴在桌子上，看得出她强打着精神，脑袋一点一点，看得出是真困。我只能在她桌子上敲两下，引起别的同学嗤笑，她才不好意思睁大了眼睛。

我心中疑惑为什么会几乎每节课都困成这样，莫非每个晚上都睡得很晚吗？

这个疑惑，在添加了小婷家长的 QQ 后，谜底揭开了。

在小婷家长 QQ 空间看到了小婷去上海参加漫展的照片。拍的是一个我不认识的动漫人物，但是从照片中小婷对这次 COS 展的重视程度可见一斑，看得出她十分喜欢动漫展。

巧的是，尽管我不是一个资深的动漫爱好者，我却十分理解这一类人群，也知道他们的习惯——"熬夜"。也许，小婷就是半夜熬夜不睡觉，在看动漫的番剧，以至于上课睡觉，打不起精神，更别说准备后一天的默写了。

这一猜测，在她的一次作文中证实了。小婷的作文用语基本还停留在普通叙述的阶段，并且会出现很多流行的词，如果没有一定的动漫知识，很难看懂她的作文。这样的作文很难得高分，连普通的平均水平都达不到。

我暗想：如果要去和她沟通，光说些大道理有什么用呢？除非找到她谈话的兴趣点，那我可能要恶补有关于她喜欢的动漫人物的知识，需要耗费的时间太多了。

小婷还是能听得进我的话的，每次重默喊她来总是来的，但也只是在来之前临时抱佛脚强记一会儿而已。若是不去提醒她再多记一记，她就很有可能在课上的睡梦中忘记。

实际上，重默她也只能默对一半而已，不会又能怎么催她呢？靠瞬时记忆背出来的东西，同别人长时记忆背出来的东西，效果孰强孰弱，一练便知。

现在的她还处于上课睡觉、默写重默、考试勉强及格的状态，长此以往，功课难度加大，古诗文内容增加，可能情况会更加糟糕。

难道她的学习和她的对动漫的爱好，真的是鱼和熊掌二者不可兼得吗？那么哪个是鱼，哪个是熊掌呢？

我有点糊涂了。

于洁的建议

当学习和兴趣爱好发生冲突

看到你笔下的小婷，我想起了自己曾经的一个学生小笙。

当时接班的时候，任课老师们告诉我小笙的书包里是有化妆包的，他每天花在穿衣和脸部打扮的时间挺多的。他是男孩哎，我吓了一跳。

总有原因吧。可是总觉得突兀地找他谈话问他干吗每天这么讲究自己的脸和衣服，我似乎也开不了这个口，毕竟这个也不能算是一种"错"。一个男孩上学带着自己的化妆包算是"错"吗？

有几次看见他脸上长了几颗大大的痘痘，我几次想张嘴说"别往脸上涂那些东西了，会刺激你年轻的皮肤的"，又几次作罢。

一个月的不动声色，只是因为我还没有想好和他谈话的内容和方式。

布置了一个话题《我未来要从事的职业》，让他们先写在纸上给我看看。我说："听说 17 岁之前确定好将来想要从事的职业，未来实现的可能性很大。"

我好奇着小笙未来想做什么，所以收上来时先迫不及待地看了他的。

"服装设计师，像老佛爷那样的。"

我吃了一惊后恍然大悟。

卡尔·拉格斐，德国著名服装设计师。"时装界的凯撒大帝"或是"老佛爷"。永恒的墨镜白发长辫，占领时尚圈制高点。

原来如此！小笙崇拜老佛爷，所以觉得自己就该像老佛爷一样打扮得夺人眼球。

我找了小笙。看着他油光锃亮的头发，因为喷了啫喱水定型而竖起一簇在头顶高高耸起，我不再觉得不顺眼。

我给他看卡尔的网络资料，特别是做 CHANEL 品牌设计师时如何使这个品牌重新焕发活力。人们只看到他的天才、他的风光，有多少人知道他背后付出的努力？我感慨地说。

"一个少年人能够有自己明确的职业理想，不随波逐流，我非常欣赏。我也很崇拜老佛爷的，因为我的人生理想有三个：教师、作家、服装设计师，所以你一说老佛爷我就知道是谁了。"

小笙很吃惊，他想不到我会和他谈他的偶像，更想不到我们师生会有相同的偶像。

"老佛爷在成名之前，埋头苦干；成名之后，他外在的形象才被人铭记。一个人在才华被人们公认之前想要靠外在的形象去先夺人眼球，那是比较浅薄的，唯有才华被人公认后，他的外在形象才会被人津津乐道并成为他的标志。卡尔如此，你也如此。"

小笙站起来，鞠躬，"老师，我明白了。"

小笙毕业很多年了，我不知道他是否实现了自己的职业理想，但我记住了他谈话的第二天带着一头清爽的短发走进班级时同学们吃惊的表情。

大部分人的兴趣爱好不能成就他未来的职业，但是在很多学生除了玩电脑游戏之外别无其他爱好的今天，一个孩子能够如此明确并执着于自己的某个兴趣爱好，是我们要珍惜的。

有一句话，值得与小婷分享："成功之前做你该做的事，成功之后做你喜欢做的事。"

对于小婷，还可能有一种情况存在，那就是在学业上得不到成就感而更加沉迷于动漫的虚拟世界中，尤其是在父母都比较支持她的兴趣爱好的时候。

有必要和小婷的父母谈谈的。支持孩子的兴趣爱好的家长，应该是比较通情达理的。一个女孩子经常熬夜，是对身体极大的摧残，不谈学习，就冲这一条，也是必须提醒小婷的父母的。同时也可以听听小婷父母的想法，是否有将来让孩子走动漫设计这条路的想法。

当兴趣爱好和学习发生冲突的时候，鱼和熊掌无法兼得，孩子的未来还长，还不清楚哪个是鱼哪个是熊掌，所以谈不上必须舍弃哪一个，只是需要研究如何在时间上进行合理的分配。比如周六周日和寒暑假可以花时间在动漫上，周一到周五可以集中精力在学业上。

建议你在做好充分的备课后，和小婷认真地聊一聊，听听她讲讲动漫，这方面她可以做你的老师，你可以做她的知音；听听她对未来职业的想法；和她一起画一下实现兴趣目标的路线图：

直线图：认真学习，到初三毕业后直接考职业类学校的动漫设计专业，把动漫作为自己终生的职业；

曲线图：暂时搁置动漫，先考上大学学习某个专业，然后把动漫作为一种兴趣爱好存在于自己的生活里。

听听她的想法，再给出分配时间的方案供她参考。

也许这样的谈话可以走进一个孩子的内心世界，让她感受到老师的尊重、理解和帮助，从而使目前的状况发生很大的改变；

也许这样的谈话依然是蜻蜓点水无济于事。但是，你一定要记住一件事：一个老师，和一个学生的谈话内容，不能永远是重默重默重默。

不要一直夸学生"聪明"

○ 成功的人往往不是起初看上去很聪明的人，而是走到最后的人。

聪明小囡骨碌碌

从小二身上，仿佛看到了我读初中时的影子。懵懂、好奇、好动。

老人们说：聪明小囡骨碌碌。意思是有点小聪明的孩子都是不太肯安静地坐着的。

这个班我第一个记住名字的学生，就是小二。

个子不大，镜片后面有一双熠熠生辉的眼睛，充满了灵气。

当时学期一开始，学校就给我们出一个科学小品的节目，每个班选两个孩子参加候选，那个时候我很为难，因为人名都还对不上号呢，哪里知道哪个孩子擅长并有兴趣表演小品，徐老师指了指坐在门口位置的小二，他正用那双闪闪发亮的眼睛看着我呢。

上课时他是全班最活跃的一个学生了，举手发言真是踊跃，思维能力、反应速度都很快，回答的答案也能迸发自己思考的火花，课堂差点就成了他一个人的舞台了。

我只好私下数好他回答问题的次数，以便有所控制。他回答次数多了，其他的同学就没有什么机会发言了。小二给我的初始印象是真聪慧。"这孩子真聪明啊！"我时常在心里感叹。

老教师们经常和我说，那些聪明的孩子总会有各种各样怪异的行为，因为他们学习上接受能力强，听听就懂了，所以当老师在课堂上左一遍又一遍重复啰唆，以免一部分同学听不懂跟不上，那些聪明孩子就无所事事了。

果不其然，除了上课积极发言，小二还喜欢积极插嘴，搞些小动作，发会儿呆。点点他的桌子，或者看着他的眼睛，他总会在第一时间醒悟，对我不好意思地笑笑。

这些可以被容忍，但他是班长，负责抓纪律。午自习我在班级走过，总能看到他在点名批评其他同学，说他们自习课讲闲话，然后记上名字扣分。可他在批评完其他同学后，他自己竟然在教室里走动，碰到和他玩得比较好的朋友时，就会和他笑着旁若无人地聊两句，仿佛他不是在自习课上随便讲话，并且发出很大的笑声似的。

这简直是严于律人、宽以待己！我呵斥了他。一定不能让班级里的同学认为我是在偏袒他。

"以身作则"是我对他说过的最多的一句话，看得出来，他时常放在心里，只是管不住自己而已。

也正因为这个不自律的缘故，他上课认真听讲、思考、发言，成绩却并不名列前茅。

比如语文，基础部分还好说，作文是他的硬伤。

小二在作文中延续了他自由散漫的语言风格，读完他的一整篇文章，就感觉他在用想到啥说啥的口语向我唠叨了一件事情，网络流行用语、口语层出不穷。这样的形散神更散的文章得到的分数自然不会高，甚至有时候能够被别人拉开十分。

和他说过很多次，在楼梯上，在教室里，在办公室里，都对他的作文提出过建议，却总也改不了他的写作风格，莫非性格决定了他的写作风格？

若是聪明反被聪明误，那真是替他可惜了。

别再赞扬小二聪明

今年48岁的莫文蔚前几天的巡回演唱，惊艳亮相，燃爆现场，浑身上下没有一丝赘肉。她太自律了：不吃甜、不吃冰、不吃零食。

2018年我最无可奈何的事情就是一直号称吃不胖的自己胖了。可是除了把衣服买大一号，我没有再多做点什么，继续吃甜、吃冰、吃零食。

在看到莫文蔚48岁的美好身材照片时，我狠狠拍了自己的嘴巴：除了吃，我还对自己说"人到中年了，发胖是自然现象。脱脂，是世间万千难事第一名"。

日积月累的自律，才能成为别人眼中的望尘莫及。

我时常想一件事情：这个世界上看上去聪明的人真的很多，但是真正能够在事业上获得成功的人却不多。为什么？

有的是方仲永，天才少年没有后续的知识加持，吃光老本后泯然众人；

有的是杨修，恃才放旷引来杀身之祸。

《菜根谭》说："声色未必障道，聪明乃障道之屏藩。"

教学这么多年，对于学生的观察，也在引发我自己对人生的思考。

有些学生一看就很聪明，很有灵气，课堂上思维活跃，发言积极，但确实特别好动，不够自律，成绩也达不到最高层。

有些学生看上去很内敛，很沉稳，不太举手发言，但是叫他起来发言却有板有眼，并不怯场。学习上很自律，成绩名列前茅。

慢慢我就明白了，前者是小聪明，后者是大智慧。

前者过于张扬、过于狂妄、不懂得适度收敛、不虚心向别人请教、取得一点小成绩就骄傲不已。不虚心、不坚持、不自律，终究辜负了老天给予他们的小聪明。

在这个时代，真正的聪明人需要符合四个特征：智商高、情商高、修养好、应变能力强。

智商是可以通过后天的勤奋弥补的，所以有"大聪明者懂得用笨功""勤能补拙"的说法。而后面三个特征，真的要靠后天的自觉、自律、自省才能获得。

我想小二的问题，可能出在一句话"他很聪明"。

你看，小二给你的第一印象就是他很有灵气，他很聪明。而课堂上他的积极回答问题，更是证实了你对他的判断。

当你发现他作为班长自己在纪律上不能以身作则并利用职权违反纪律还表现出浑然不自知的样子时，你批评他，只是不希望同学们觉得你在偏袒他而已。在内心深处，你依然觉得他很聪明，是讨人喜爱的，却没有意识到正是这个小聪明妨碍了他的前进。

这样的孩子，从小到大，应该是听烂了"真聪明"长大的。他是这句表扬话的受害者。

这样的赞扬话，会让他觉得我只要靠小聪明就可以了，我是讨人喜欢的，只要我聪明，其他方面大家都会原谅我的。

再也不要用"你真聪明"来表扬小二了。

对于那些不够自信的学生，在他们偶尔比较好地完成了一件事情后，是可以用"真聪明，真棒"来赞扬他们的，这会给他们带来喜悦和自信。

但是对于本来就比较聪明灵活的孩子，我们的赞扬应该是"你很努力，很勤奋"。不然，我们的表扬就是一种固定型思维，而不是成长型思维。如何赞扬一个学生也需要因材施教。

对于小二，我建议你以后和他的交流方式有所改变。

作文上与其吐槽他的形散神更散，不如认真给他逐字逐句修改一篇文章，再让他誊写一遍，让他精确明白良好的表达是怎样的。

你一直对他说"你要自律",对于他这样的有小聪明的学生而言,是一种很明显的批评,听惯了表扬话的他们心里是不爽的,面上接受但是屡教不改会成为他的一种不自觉的抵触方式。所以你需要改变对他的表扬方式,但不再是"你很聪明"。

一直赞扬一个孩子聪明,最后的结果就是一旦他遭遇某种失败,他就会觉得自己怎么不聪明了,变得笨了。这对于一个一直听惯了"你真聪明"的孩子而言是最糟糕的事情。

"你很努力啊。"

"这个很难,可是你没有放弃,非常好。"

"你做事情的态度很认真,也很严谨。"

"你在某方面取得了很大的进步,这是你勤奋细心得来的。"

"你和小组成员合作得很好。"

"这件事交给你办,你完成得很好,考虑问题很周全。"

"你很尊重组员的意见,他们都很拥戴你。"

这样的赞扬话,可以当着全班同学的面对小二说,这是一种非常明显的暗示,老师欣赏一个学生的什么方面,这些话给出了明确的答案。

成功的人往往不是起初看上去很聪明的人,而是走到最后的人。

这句话,我也想对你说。

讲台边上的"特殊座位"

○ 就算是批评，也是对事不对人，这是采用批评教育法很重要的一条原则。

三换座位改变了你

小鹿从开学至今已经换了三个位置了，离讲台越来越近，直至在我眼皮底下。

周五的时候，下课时走进教室，大家都在开心地玩耍，三两成群。我准备找个人帮我到办公室搬作业，走上讲台的那一刻，我看到了小鹿，他也看到了我。

一个眼神，他就跟着我走出了教室。我们俩边走边聊。

"现在一个人坐在那个位置上，还习惯吗？"我问道。

他一抬头，对我一笑，"挺好的。"

看着他的笑容，我不禁想起了之前他坐在教室后排的时候，和小皮两个人"情投意合"，几乎每节课的课堂上都会弄出一点事情来，让我防不胜防，头痛万分。作业不做，和小皮一起赖掉默写和重默，一起找搞笑的意图引起同学们注意的事情。

"现在你上课一直在很努力地听讲，并且能够跟上我和大家的思维，成绩也在上升，真的是挺好的。"我拍拍他的肩膀。

他有点受宠若惊，手几乎不知道该怎么放，只能挠挠头，跟着我走到办公室，熟练地抱起自己班级的作业，弯着身带上办公室的门，赶急赶忙地跑回去。

小鹿在这几个月里真的变了很多，无论是上课听讲，还是课后作业，都可以完成得很好。每次默写，看得出来他都认真准备了。

由于"近水楼台先得月"的好位置，自习课上他会观察我是否批到他的默写本。一旦发现是他的本子，他会蹿起来，一溜烟地走到我旁边，看着我批改他的本子，眼睛紧紧地盯着我的红笔笔头，似乎我的每一笔都能够掀动他的眼帘。一个圈，他眼睛瞪大，眉头皱起，嘴巴张大，深吸口气，"哦！"然后挠挠头，做出明白状。

我看他一眼，他不好意思地笑笑，继续看着我批改，看到自己80分，没有重默，他吐出一口气，屁颠屁颠地拿回去订正，隔着过道和同学炫耀一下自己过关了，又跑上来给我批改他的订正。等到一切都完成了，他就专心做自己的事情，仿佛周遭的一切都和自己没有任何关系了。

他坐在讲台边上，一旦有用到投影仪和电脑的时候，他都能脚快手快地为老师准备好一切，只需将要评讲的东西放到实物投影垫板上去，我就可以专心在教室里走动、评讲，丝毫不用担心电脑那边会出什么岔子，因为有小鹿在。

换座位后的几节课、几天、几个星期下来，任课老师们都对他赞赏有加，我想他真的能一直坚持下来，期末大考，至少，他的语文成绩应该能给他一个大大的惊喜。

我想，小鹿一定是一个如同孟母三迁中孟郊一般的人，环境如何，他就表现得如何。我也期望着，小鹿能够成长起来，成为一个自主自强的少年人。

于洁的建议

愿师生彼此心意相通

很喜欢这个小鹿。

他很单纯：仗着位置在讲台边上的优势，观察是否批到他的默写本，错了沮丧，对了就笑，通过了就炫耀。

他很善良：仗着位置在讲台边上的优势，帮助老师准备好投影和电脑，随时准备为老师冲锋陷阵。

他很聪明：仗着位置在讲台边上的优势，老师一个眼神他就心领神会，跟到办公室搬同学们的作业。

其实，那个讲台边上的"特殊座位"，是专门为他在后面听课不认真而专门设置的。换了别人也许就觉得是一种惩罚与歧视，而他能够体悟到老师的良苦用心：为了帮他提高听课效率，期待他在改变的环境中有所进步。

我想，这不是智商，而是情商。

教师这个职业现在已经被称为"高危职业"，2018 年的 12 月，网络上便有四个新闻让人感慨唏嘘：

12 月 3 日，江苏省溧阳一男生因考试期间抄袭，被班主任口头教育，要求他次日向全班做检讨。受到批评几个小时后，该 16 岁男生从自家小区的楼上纵身而下。

12 月 16 日，河南省洛阳市栾川县 33 岁男子常某将初中老师拦在路上抽嘴巴还发视频炫耀，说是为了报复 20 年前老师对他的批评。

12 月 27 日，陕西西乡县城秦巴茶市发生一起女童坠楼事件，女童经抢救无效死亡。女童母亲称，女儿疑因带糖果去学校被老师发现并批评，后在回家途中自杀。

12月29日，安徽阜南县初中教师小婷在教学楼内，遭到曾经的学生冷某突然袭击，棍打脚踢，持续两分钟，致昏迷。

很多老师感慨：不敢再批评学生了，因为你永远不知道批评的后果是什么。

不要说批评，有时候换个座位都是有很大的风险的。尤其是坐到讲台边上，这种特殊座位，一个不小心，学生和家长都会很不高兴，觉得老师歧视差生了。

若真是歧视，完全可以丢在教室最后面，管你听不听，何苦放到眼皮子底下来惹自己生气？

可是不知怎么了，原本应该学生、家长、老师同一个目标同一条心的，变成了彼此不信任甚至是对立面了。

世界上最遥远的距离大概就是"我真的是为了你好，你却觉得我是在害你"吧。

在这样的情形下，小鹿这样的学生何其难得，小鹿的父母这样的家长何其难得！教师三换小鹿的座位，他的父母都没有任何不爽，而小鹿的进步真是飞快。

没有对老师的怨恨，而是体悟到老师的用心；没有对学习的抵触，而是提高了听课的效率。

为什么对比如此鲜明？

首先是老师的专业精神。在给小鹿换座位的举动中没有表现出一丝一毫的歧视与厌弃，不是以惩罚的姿态来换座位的，这一点很重要。就算是批评，也是对事不对人，这是采用批评教育法很重要的一条原则。动之以情，晓之以理，学生才会明白批评背后隐藏的老师的苦心。

其次是小鹿的阳光性格。能感受到老师的苦心，这已经是非常不容易的事情，尤其是一个青春期的初中男孩，没有丝毫怨怼，反而充分利用了这个特殊座位的特殊优势，利己利师，真是难能可贵。我想，小鹿的情商如此之高，必定与他从小到大的家庭教育分不开。

我特别欣赏在三换座位后的师生交流。

> 一个眼神，他就跟着我走出了教室。我们俩边走边聊。
>
> "现在一个人坐在那个位置上，还习惯吗？"我问道。
>
> 他一抬头，对我一笑，"挺好的。"
>
> "现在你上课一直在很努力地听讲，并且能够跟上我和大家的思维，成绩也在上升，真的是挺好的。"我拍拍他的肩膀。

这样的交流让三换座位中教师的苦心更为明晰地表达在小鹿面前。

"看上去我是惩罚了你，可是我希望你明白我对你的期待，我也为你的进步而开心。"

孟母三迁的故事告诉我们良好的人文环境对人的成长及品格的养成至关重要。这一直是我们对孟母三迁的故事的解读，我们看到了一个母亲的良苦用心。可是我们从来没有想过孟子当年的感受。

如果他很叛逆，如果他完全感受不到母亲的苦心，那么会不会出现最近发生的 13 岁孩子杀害亲生父母的事情呢？

多么希望小鹿这样的阳光男孩更多一些；多么希望美好的师生默契更多一些。

我的耳边传来李宗盛的歌：

> 为你我用了半年的积蓄，漂洋过海的来看你。
>
> 为了这次相聚，我连见面时的呼吸都曾反复练习。
>
> 言语从来没能将我的情意表达千万分之一，

为了这个遗憾，我在夜里想了又想不肯睡去。

情人之间，彼此相爱，尚且会出现这样词不达意的尴尬，教育沟通出现不畅更是正常不过。学生、家长、教师，三方信任，何其重要。

愿教育永远不要再出现"悲伤得不能自已"的结局。

什么是真正的学习

○ 真正的学习一定不是单一地读读背背，而是听说读写辩的五结合。

新手案例

静待花开里的茫然

每次看到她，都会想起初中时代的自己。用老师们的话说，是还没开窍。

她笔记记得很多，却总是做错很多题目。

她对默写很上心，却总是出现在重默的名单里。

她复习很认真，却总是在及格线上下徘徊。

个子小小的她坐在教室的前排，每次望向她时，她总是在目不转睛地盯着白板，或者我，相较于那些上课很灵活的孩子们，她安静得像一棵小草。

在一排排课桌旁走过，检查着孩子们的笔记，她几乎都是最认真的，喜欢用不同颜色的记号笔突出重点，望上去一目了然，大而工整的字一点也不符合她小小的身板。

但她是我办公室的常客，一首新的古诗，若是前天晚上布置预习，昨天晚上背，今天教授故事内容的理解，明天或后天默，她的本子上依旧会有一个重默的标志。

期末复习的时候，我会翻看孩子们的默写本做默写的统计。基础比较差的孩子们放在一叠，稍微翻一翻，小妮的默写本是最赏心悦目的。每一次的订正、重默都工工整整，丝毫没有偷懒和懈怠，我甚至怀疑是我放错了地方。而在期末复习时，再给他们一张古诗的卷子去默写，小妮仍旧错得很惨。

我只能用我自己的经历去安慰自己，她和我是一类人，等待着开窍的那一天。我没有任何理由去批评她，因为她足够认真，足够用心。年少时的经历，不想在她身上继续重现。

每一次和她讲解题目的时候，我都和颜悦色，慢而仔细，每一段对话的结束，都加上一句"懂了么"，当她很用力地点头时，是真的懂了。当她迟疑了一下，再点头的话，是没怎么听懂的表现。当她没有点头，只是嘴巴嗫嚅着"懂了"的嘴型，眼里会闪过一丝慌乱，就是完全没有理解。再给她讲一遍，就让她回座位。

我深知，这样的孩子有着敏感而细腻的内心，她会因为一点小事而去想一天，会因为嘲笑而自卑很多天。

这一次期末考试语文是第二天考的，考前早上辅导时，班里的浮躁氛围很浓，尤其是考完第一天后，紧张的情绪被即将到来的寒假而冲淡，学生们将考试视为黎明前的黑暗。

但是小妮不为所动，甚至我在她眼里看到一丝紧张，她的身边有人在对第一天考试科目的答案，声音挺大的，小妮估计听到了。

我立即让那些同学安静下来，担忧地看了一眼小妮，希望她没有怎么听到，但她脸上的表情变得紧绷，很可能是被那些"答案"影响了。我担心她接下来的考试会受影响。

都说一分耕耘一分收获，可是似乎到了小妮这里，这句话就说不通了。

都说静待花开，小妮这朵花会在初中阶段绽放吗？还是整个初中阶段永远黯然失色？我只能茫然又默默地等待她的开窍。

于洁的建议

真正的学习是"听说读写辩"五结合

你笔下的小妮让我想起了我的一个老同学。是她改变了我对学习的认识。

她是寄宿生,除了看见她急急忙忙去泡水、急急忙忙去餐厅吃饭,似乎剩下的时间她都用来学习了。我说这话一定没有夸张,因为我和她是同桌。

那一年我迷上了写散文诗,更迷上了看英文原版小说。但是高三的时间实在有限,我只能在课堂上一边用耳朵听课,一边趁着老师不注意偷偷做我自己的事情。

记得有一次看《雾都孤儿》英文原版,看到精彩处实在忍无可忍要找人分享,不由得就伸出手去拉同桌的衣袖,却见她非常认真地在做听课笔记,顿觉无聊无趣。

而她也为我的学习着急,有时候看见老师在向我们慢慢接近,她就急急地拉我袖子或者小声咳嗽。

而最后的结果也出乎我的意料,我考上了大学,她没有考上,补习一年后考上了大学。

这件事情让我重新审视学习。

学生们似乎大量的时间用来记忆知识点,也出现了各种帮助记忆的方法,比如联想记忆法,记得当年有个英语老师把 o 结尾的名词变复数的时候加 s 还是 es 编了一个顺口溜让我们去背诵。

这个我一点也不反对,我自己也曾经为了让学生们记住"戍戊戌"三个字而让学生们背诵"横戍点戌戊中空"的口诀。但我知道,这些方法从本质上来说就是帮助记忆的，记住的是一个个知识，不等于是真正的学习。

知识不等于分数，知识不等于学问，知识不等于智慧，知识不等于能力。

真正的学习应该是教师点拨，学生领悟，然后融会贯通、举一反三、学以致用。

我想，小妮还停留在死记硬背这种最初级的学习方式上，所以她所记忆的知识都是一个个独立的珍珠，没有串起来成为项链。所以隔一两天，那些珍珠就不知道滚落到哪里去了。

她虽然很努力，但是却不是真正的学习。纯粹的记忆，而没有真正的自我领悟、没有真正的理解透彻。

一个不会开飞机的人，就算你给了她一架飞机，飞机也飞不起来，这并不比她自己走路来得快。

真正的学习是怎样的呢？

先自己预习，然后自我回忆复述，没搞清楚的地方等老师明天讲的时候特别认真听，然后再自我复述巩固，最后通过做练习来查漏补缺。

真正的学习不仅仅是个人或者仅有师生之间，不仅仅是一个被动地接受知识的过程，还需要与同学讨论和争辩。在辩的过程中，完善自己的主张和观点，激发灵感，找到新思路。

真正的学习一定不是单一地读读背背，而是听说读写辩的五结合。

以语文而言，作为语文老师，千万不要给学生一个印象：语文就是每天老师讲点东西然后第二天默写词语、古诗文、知识点。

智商很高的学生会在语文课堂上就不知不觉地完成了"听说读"三个步骤，听的过程中也能理解悟出一些学习的方法，但是智商一般的学生，是无法完成这三个步骤的融合的。

练习是高于死记硬背的。一次练习是一次检验、一次提高。

以小妮为例，与其让她一次次来重默知识点，不如给她几个题目，让她在老师的点拨下完成答题思路的罗列，以后遇到这样的题目，第一步怎么考虑，第二步怎么跟上。这是教给她如何把珍珠串成项链的过程，可能很辛苦，很吃力，速度很慢，但是一旦串起来了，这些珍珠就不会滚落了。

以语文中的赏析某个句子为例。第一步考虑用了什么修辞，第二步考虑句子写了什么人或者什么东西，第三步考虑写了这个人或者东西的什么特质，第四步考虑是否有作者的某种情绪渗透在字里行间，第五步考虑语言表达上有什么独特之处，第六步考虑这个句子和上下文之间的关联……

可能一开始让小妮做这样一道赏析题会非常吃力，但是一旦她掌握了赏析的思路和方法，再出现类似的题目她就会活学活用了。这就完成了从知识到能力的转化。

同样，我们复习的时候，可以先复述自己所学的知识，再从一张卷子开始，查查自己哪些已经遗忘，然后开始查漏补缺。就算发现自己遗忘了很多也没有关系，因为只要已经掌握了学习的技巧，也是可以在短时间内全部找回来的。

也就是说，光是盯着黑板盯着老师拼命做笔记，然后对着笔记死记硬背，貌似在拿着锄头死命耕耘，其实一直停留在刨土阶段，并没有播下种子，所以肯定没有收获。

比较好的解决方法是，当小妮记住某个知识点的时候，给一个题目来试试，这个题目将会用到那个知识点，但是不是死套，而是灵活运用才行。这就是将知识转化为能力的一个过程。

小妮辛苦耕耘，态度令人感动。只是因为没有真正把知识转化为能力，没有学以致用，所以导致目前停滞不进的局面。既要肯定她的学习态度，也要授之以渔，教会她如何把知识点转化为理解能力和运用能力。

作为小妮的老师，你没有因为她的成绩差而嫌弃她，而是能够客观看待她的努力，也真心关注她的敏感，还能为她着急，这是一个老师应该有的良好教育态度。你做得对。

同时，作为老师一定要记住，对学生最大的帮助是教师用专业水平去真正解决学生面临的一些困难，哪怕你的帮助微乎其微，也是对学生的真心真意。

除了小妮的学习方法有问题，我也还想对你说：并不是每个人都能读好书的，就像不是所有的植物都需要用开花来证明自己的美好。

有一些学生读书不行但是其他方面非常好，有些学生读书成绩很好但是其他方面木愣愣的。原因各不相同。

他们刚读初一，人生才是一个开始，他们的未来永远是我们无法猜测的。

我记得曾经教过一个女孩，和你笔下的小妮非常类似，我也同样很苦恼，不知道该如何帮助她。

在一次和她家长沟通的过程中，得知她每个周末都去奶奶家，只要天气好，就搬个大木桶，把奶奶的床单被套衣服洗得干干净净。她的母亲说自己的女儿虽然成绩不好，但是自己将来老了却一点也不担心，因为女儿一定会善待她的。

我听了几乎感动到落泪。

比起那些被老师和家长批评几句就动不动要跳楼的男孩女孩，比起那些青春叛逆动不动就要打骂自己父母的男孩女孩，这样的学生简直是珍品。

所以永远不要只用眼前的成绩去看待一个学生。

静待花开是一种心态，也是一种行动。默默地把自己变成阳光雨露去滋养她，当风雨袭来时，变成荷叶去保护她。

也许在我们三年的陪伴中，等不到她开花的时候，我们也能笑着拥抱她，祝福她未来的人生。

为学生量身定做优秀卡

○ 一个教师的榜样作用，是对学生最有效的影响。

新手案例

性格让他无法更优秀吗

小菜是个男孩，个子虽小，却长得很结实。

军训的时候，小菜总是孤单一人，不是在开着空调的教室里，就是在树荫底下乘凉，别的孩子都在外面的大太阳底下晒着，不要以为是他娇贵，他是刚做了个手术，需要恢复。

正巧有作业要发，他便成了我托付的第一个小助手，我和他一同将作业本发到同学的桌上，他总是很细心地帮同学们摆整齐，把书正面朝上，不多时，课桌上整齐的书在阳光下反出好看的白光，我和小菜相视而笑。

本有点担心他会不会和同学格格不入，毕竟没有一同接受军训的洗礼，很少能和同学们有交流的机会。出乎我意料，他能和大多数同学在一起谈笑风生，性格还是很活泼的。

初一刚进来不久，就进行了一次练习，难度适中，却也能作为一次标准去审视自己和别的同学的差距远近。小菜考得不理想，翻看他的答题纸，几乎可以用漏洞百出来形容。

本来开朗的他，似乎有点失落，于是，我暗中帮他找原因。

男孩们刚刚进入初一，作业字迹七扭八歪的问题突出，倒是小菜的字，很大也很工整，被我表扬了几次。可是字迹虽然工整，内容却错误很多，就像绣花枕头一包草。

与家长沟通，家长说小菜很喜欢上我的课，因为风趣。家长是在夸奖我，但我背后出了一身冷汗，不禁想起了老教师们经常对我们说，有趣在上课是不可缺少的，但有些学生可能只记住了有趣好笑的地方，而不去记住真正应该去记住的知识点，导致一种"看戏"的行为。

小菜，很可能就是在"看戏"。看来我要时刻关注他的注意力是否集中。

开学初我就发现了小菜的交友能力十分突出，这和他随和的性格密不可分，但这也导致了他在应该静心思考学习的时候浪费了时间，好多次午自习时间，看到他转过头去和别的同学笑着讲话，音量倒是不大，但他脸上的笑容却与自习的氛围格格不入，我板下脸来批评他，他也知悔改，但是总有一两次熬不住。

看来要规范他的学习习惯、提高小菜的学习成绩，还有很长一段路要走。

杰克·霍杰在《习惯的力量》一书中说：思想决定行为，行为决定习惯，习惯决定性格，性格决定命运。

小菜这样乐呵呵静不下心来的性格，我能怎么办呢？

于洁的建议

为他量身定做优秀卡

曾经我也有不满一尺九的腰。可如今……

每次寒假暑假结束，我都会有懊悔之心。总是想如果时间倒流，寒暑假重来一次，我一定要有个很好的计划，很好的执行。一定不会就这样吃吃喝喝睡懒觉任肉横行。

所以这个寒假还没开始，我就制订了一张寒假锻炼打卡表。每天爬山锻炼、买菜做饭、阅读练字、修改书稿，其他机动。为了不给自己偷懒的余地，我备注了一条：未完成一个内容就自罚 100 元给儿子。现在已经在打卡进行时。

我说自己打卡锻炼的事，是我发现小菜和我有某些相似之处。

这个男孩心地善良、为人热情、写字大而工整，唯一欠缺是不够静心。

都说字如其人，在西方笔迹学中，有学者认为笔迹的上中下三部分与弗洛伊德人格结构理论中的超我、自我、本我有相似的含义。

一般来说，写的字比较大的人，性格直爽明朗，充满自信，比较外向。如果比较工整，则是对自己有一定要求的人。

当然这只是从大方向上来说说。专业人士可能还要从字形、方向、速度、笔顺、大小、用力强弱等方面来细致判断。我们暂且不管。

我想以他的字比较工整意味着他可能是个对自己有所要求的人为抓手。

教育需要私人订制，需要因材施教，为他量身定做优秀卡如何？

第 1 步：找他谈心

告诉他老师发现了他哪些优点，老师有个"让你变得更优秀"的计划，和他一起制订每周打卡计划。

"小菜更优秀"一周打卡表

日期	作业正确率	自习课纪律	帮助同学	帮助老师	新的成就
周一					
周二					
周三					
周四					
周五					

续　表

日期	作业正确率	自习课纪律	帮助同学	帮助老师	新的成就
周六		三小时自习	帮助妈妈	帮助爸爸	
周日		三小时自习	帮助妈妈	帮助妈妈	

备注：未打卡一次就自罚（由小菜自定，但一定要罚得比较心痛）

老师和家长是打卡监督人。

第1步是让小菜明确"你想要有怎样的改变""你想要成为怎样的人"。王国维曾经引用晏殊《鹊踏枝》中"昨夜西风凋碧树，独上高楼，望尽天涯路"来谈成功首先需要明确目标。

第2步：告诉别人

这张表格可以一式三份，一份贴在自己卧室，一份贴在课桌上，一份贴在教师办公桌角上。粘贴出来就是一种公开，成为一种自我提醒和他人约束。小菜也可以邀请自己的前后桌同学一起参与打卡行动。

第3步：奖励制度

对于一个初一学生而言，奖励是绝对有用的。尤其是在刚开始打卡的时候。教师可以采用"集邮法"。一周打卡，如果自罚次数少于3次，则属于小成功，可以得到某个小奖励，如果一次自罚都没有，则属于大成功，可以得到某个大奖励。（奖励可以由家长提供，教师也可以有适当奖励。）

都说养成某个好习惯需要21天，事实证明，可能需要更长的时间。所以在执行打卡一开始时，一定的奖励还是有必要的。

第4步：赶走消极

执行过程中，有时惰性思想会占上风，头脑里可能会想："算了，干吗呀，太为难自己了。"

教师可以准备一本《名人传》，邀请小菜每天放学后来办公室看几页再走。也可以把橡皮筋绕在手腕上，每当有消极想法产生时，弹一下，赶走它。

"你是小菜，你很优秀。"教师这样的积极暗示法，可以帮助一个学生建立自我价值。

"我是小菜，我很优秀。"有时候，优秀是从假装自己很优秀开始的，直到真正变得很优秀。

第5步：不断练习

演员扮演一个角色，需要体验生活。如果要扮演一个乞丐，那么乞丐是怎么坐的，是什么样的表情，各种细节都需要演员仔细观察和揣摩。这是一个演员的"信念感"，告诉自己我是一个乞丐，我要像真的乞丐一样生活。

同样，要成为一个优秀的人，也需要适应自己的新角色。

一个优秀的学生听课时是怎样的，做作业时是怎样的，为同学讲解题目时是怎样的，包括课桌的整理是怎样的，都可以让小菜去琢磨适应。

第6步：允许崩溃

教师、家长、好朋友，都可以成为倾诉对象，小菜可以在坚持得很辛苦时诉说发泄。让负能量流泻，让正能量充满，这确实需要一个过程。

写每日一句话也是一个很好的方式。教师和小菜可以建立一本《心里话本》，小菜可以在本子上以各种方式自言自语或者发泄吐槽，教师用风趣智慧的话语引领。这个本子可以成为一个两人心照不宣的秘密。

第7步：听听反馈

经历一两周后，教师可以邀请小菜的好朋友、前后桌同学、任课老师，来个小型会议，分别说说他们眼中最近一两周的小菜，回忆一些细节，对小菜进行鼓励，也可以提出意见和建议。

这是我看了你写的小菜同学后给出的一些想法，你肯定比我对小菜有更多了解，所以完全不必照搬照抄我的想法。我只是抛砖引玉，希望能够让你获得某些灵感。

初中阶段的学生可塑性很强，教师的引领在某种程度上会起到很大的作用。

作为一个刚走上教师工作岗位的年轻人，学生们自然而然会喜欢上你的年轻朝气，我因此很建议你自己也确定一个内容（比如做家务、阅读、写作、手机、游戏、锻炼、叫外卖吃烧烤次数等），和小菜一起打卡，师生共同进步。这会成为小菜同学终生难忘的一件事情。

教育应该因人而异、采用相应的措施，这是一个教师专业性的体现。

而永远不要忘记，一个教师的榜样作用，是对学生最有效的影响。

也许很小，也许很大，也许影响一生。

班上有爱耍小聪明的孩子，怎么办

○ 防止学生出现钻空子或者偷懒行为，从改变教师自身教育教学行为开始。

新手案例

耍歪了的小聪明

正当我满怀激情地上《纪念白求恩》这堂课时，眼角瞥到一个人低着头，两只手都在课桌底下，神情极度专注，完全和我不在同一个时间点上。

我走到她身旁，她依旧没有发现，直到同桌用手肘捅了捅她。她看了我一眼，满眼慌乱。

"啪嗒"一声，一个魔方掉了下来，颜色已经拼了个大概模样。

"水平还行嘛。"我心里这样想着，仍旧是很严肃地没收了她的魔方。

下课时，她没有跑上来解释认错，反倒是一个男生先上来了，小男生一脸焦急地表明这是他的魔方，是她课间从他手里抢过去的。

我看了一眼小悦，发现她也在用眼睛偷偷地瞄我，脸上的表情似乎比上课时被抓现行更紧张。

我喊她来我身边："这是别人的东西，你没经过他同意就拿过去，如果别人随便抢你的东西，你是什么感受呢？第二，上课应该干什么不应该干什么，心里不清楚吗？这个魔方我没收了，你自己赔给人家，也算是个教训了。"

小悦的表情不断地变幻，最后听到不怎么严厉的惩罚，也是松了一口气，其实我心里也在想怎么才能让她知晓自己的错误又不想过于打击她。

这个事情过去没多久，小悦似乎太平了一点，直到那次阅读课。

我下发了有关《西游记》的名著题目，做了一个当堂闭卷小练习。

正巡视做题状况时，发现一个男生探头探脑畏畏缩缩地往地上看，又往卷子上写。我悄悄走到他身后，发现地上有一张小纸，上面居然印着这次《西游记》名著题的答案！

纸抓在我手里，我心里明白，因为前几日外出听课的缘故，我们班级比其他班级晚做了这个练习，这应该是有学生拿到了其他班级的试卷又用手机拍题后搜答案再印出来的结果。投机取巧！自己偷看，还给别人看！真是可恶！

那个男生很紧张，连声说这不是他的，然后我发现很多人的目光在往小悦身上聚集，心里已经猜了八九不离十。

由于这是一次面向全班的当堂练习，我向全班说明了事情的严重性：这是一种考试作弊行为，我希望这个印了答案的人能主动地向我认错，知错就改，我可以选择原谅，否则我会严肃处理，以示警诫。

我瞥了瞥小悦，然后离开。

果然，小悦趁着最后一节课即将放学，没有人的时段，到办公室承认了自己的错误，她低着头，但是目光真诚，许是有了认错的勇气，小悦抬起头对我说："李老师，我知道自己做错了事，也很想学好功课，但就是很难让自己静下心来，我喜欢搞些自认为有点小聪明的事情。"

"有很多人不知道自己哪里有问题，可是你能很清楚地认识到自己的问题出在哪里，这就是你聪明的地方。其次你想让自己静下来读好书，很简单，一步一步来，先把你自己从重默的名单中删去，慢慢加入满分的队列中，这个一点都不简单，需要的是你脚踏实地，把聪明用在点子上，去慢慢超过绝大多数同学。先做到这个，你基本上就能够静心学习。"

小悦点点头离开，看着她背着书包一蹦一跳的背影，我叹了口气。也不知道她真的听进去没有。

对于这样爱耍小聪明的孩子，应该用什么方法去引导呢？我陷入了沉思。

于洁的建议

防微杜渐很有必要

托尔斯泰说过，真正的聪明人特点有三：一是劝别人做的事情自己去做；二是决不做违背自然界的事；三是容忍周围人的弱点。而耍小聪明的人特点只有一个：自欺欺人。

小悦把手伸在课桌里悄悄玩魔方，以为老师看不到，结果是很快就被老师发现了；

在考试前偷偷拿试卷拍好答案，以为能够得高分，结果很快就被戳穿了；

在考试时把答案丢在地上让同学抄，以为能帮到同学，结果害了同学害了自己。

这就是典型的自欺欺人。

她这样的行为几次三番，并且对自己的认识是静不下心来，喜欢搞些自认为有点小聪明的事情，我想，问题出在她没有吃到过耍小聪明带来的大苦头。

在你描述的两件事情中，最后的处理结果，前一个是批评了一下，然后没收了魔方，让她掏钱赔给人家；后一个就是谈心一次，没有其他惩罚措施。前一个结果是小悦松了一口气，后一个结果是小悦一蹦一跳离开了。

也正因为如此，连你自己都不确定"也不知道她真的听进去没有"，只能继续思索"对于这样有些小聪明的孩子，应该用什么方法去引导呢？"

　　这也是很多耍小聪明的人最后"聪明反被聪明误"的原因，因为他们平时的小聪明还不至于对别人对自己造成重大后果，一般都是很小的后果，于是总是被别人轻易地原谅，并不予追究。甚至还因小聪明得逞，沾沾自喜。

　　但常在河边走哪有不湿鞋？终究有一次会掉到河里去的，那时，悔之已晚。

　　在小悦这样刚读初一的年龄，她能了解到常耍小聪明的后果，还不大可能。

　　我们当然不能把这种耍小聪明的行为认定为道德品质有问题，也不能觉得这种事是小事而放任继续，那么，我们如何正确引导呢？

　　耍小聪明的基本行为是钻空子或偷懒，就像一个国家要防止官员腐败就必须完善监管制度一样，我们要防止学生出现钻空子或者偷懒行为，就要从改变教师自身教育教学行为开始。

　　比如小悦爱耍小聪明，以为上课时手放在课桌里玩魔方老师是看不见的，那么不妨让小悦做一次 20 分钟小老师，协助她精心备好一些讲课内容，让她走上讲台为同学们讲课。一方面体会老师讲课的辛苦，一方面也让她感觉到在讲台上视线的范围。她就会明白认真听课的人的神态和走神者的神态是截然不同的，走神者和周围的环境是完全不和谐的。

　　如果没有让小悦做小老师的条件，那么教师自己在课堂上可以采用走动式教学法，一边讲课一边在教室里巡回。一方面观察学生的听课笔记，一方面提醒容易走神者。

　　对于小悦这样不止于走神而是在玩魔方的行为，我一般不会仅仅停留在没收魔方和批评几句就放她走，我会增加一些犯错成本。

　　比如：这一天每节课的课间时间除了让她上厕所之外，我都会请她过来在我身边坐着朗读我讲课时的内容，补上听课的缺漏；

　　然后让她在放学后做小老师，帮助我批改今天的作业，全部批改结束后和我一起下班。（事先告诉家长小悦会晚一点到家，也会请家长在校门口等接小悦，但是见到小悦家长却不告诉今天发生的事情，而是表扬小悦对我的帮助，给小悦一点面子。）

对于小悦在考试前偷偷拿试卷拍好答案并在考试时把答案丢在地上让同学抄的行为，我也不会只停留在谈心批评，而是采用较为严厉的方法给小悦一次深刻的教训。

比如，我会让小悦把事情经过全部写下来并做出保证今后不会再有类似行为，并在放学后请来小悦的父母，在没有其他同学看见的情况下，告知情况后让小悦父母在小悦的保证书上签字。

我会告诉他们，这就是一个考试作弊行为，性质是严重的，因为小悦是自己来承认错误的，所以我原谅这一次，但是如果今后还有类似情况发生，那么一定会上报学校给予处分，防止小错误因为被放纵而让小悦抱了侥幸心理到最后变成大错误。

我也会告诉小悦和她的父母，当小悦今天离开我办公室后，我就会情绪清零，不会再翻老账，不会因此而对小悦有不好的偏见，明天我再看见她，依然是一个美好的女孩子。所以小悦不要抱思想负担。

对于小悦上课玩魔方和考试作弊这两个行为，我都采用了增加犯错成本并给予了较为相应的惩罚措施，是因为这两个行为中小悦都是耍小聪明并抱着侥幸心理而自欺欺人。一个扰乱了课堂秩序，一个扰乱了考试秩序，不仅影响了自己，也影响了其他人的学习秩序，如果不给予一定的惩罚，她这样的耍小聪明就会带来更多的大问题。

我们一方面不能认为小悦有道德品质问题，一方面也不能对此忽略姑息纵容。

耍小聪明的行为实质上是缺乏一种规则意识。

学习上发现父母不管，就选择手机搜答案；发现老师还没到学校，就开始抄作业；

生活中看看四下无车，就闯红灯；发现可以逃票，就选择翻墙进入；

生意上发现监管不力，就开始造假；

官场上发现监管不力，就开始贪污腐败……

带着侥幸心理，以为没人发现，从而破坏规则，钻空子、偷懒、不诚信，最终上升到道德品质出问题。

正因为如此，所以防微杜渐，必不可少。对于爱耍小聪明的行为，教师要引起足够的重视。

教师除了加强在课堂上对此类行为的监督管理，在平时的教育教学中，教师还要搜集一些真实的案例来对学生进行引导启示。

平时加强规则意识的教育必不可少。教室里文化布置方面，也可以加入一些关于规则意识的名言警句，提醒学生不要耍小聪明，不要投机取巧，教育学生脚踏实地向着目标奋进。

例如：

> 不驰于幻想，不骛于虚声，而唯以求真的态度做踏实的工作。
> 一个人假如不脚踏实地去做，那么所希望的一切就会落空。
> 想，要壮志凌云；干，要脚踏实地。
> 不积跬步无以至千里，不积细流无以成江河。
> 再长的路，一步步也能走完，再短的路，不迈开双脚也无法到达。

愿我们每个人都一步一个脚印，走出我们的美好人生。

如何改变学生的行为习惯

○ 一个老师如果欣赏了一个学生，并且这种欣赏被学生感觉到，这种欣赏
  就会成为一种巨大的力量，推动学生向更好的方向发展。

新手案例

歪倒的高粱

　　如果把整个班级形容成一坨红高粱，从上往下俯瞰，总会看见一根高
粱歪倒着，仿佛随时就要坍塌的样子。小坤，就是那株高粱。几乎每一次
上课，我都会用余光看到他斜靠在墙壁上，整个人宛如网络上流行的"葛
优躺"。

　　看到他我就气不打一处来，他要是只是这么"安静"地躺着，也就罢
了，关键他还是个"话痨"，无论他怎么变换座位，他总是能和前后左右的
人讲话。在我的长期观察下，几乎都是他主动去找别人讲话，有时候别人
不理他，也能自顾自地讲一会儿，若是搭理他，他能够讲很久很久，直到
老师忍无可忍停止讲课去提醒他才罢休。但没过多久，又能听见他的声音。

　　碰到语文课默写时，全班都很安静地写，他会突然说几个词语，要么
重复默写的内容，要么随性地说个谐音词去误导大家，语气语调都很阴阳
怪气。

　　屡禁不止后，我想了一个办法，有一次他默写时又在叽里咕噜重复默
写内容，我就对他说："老师报词语很辛苦，既然你喜欢读出来，你就帮老

师重复第二遍，让没听清楚的同学听得更清楚，当个复读机，好吗？"

那节课的默写，他便不再讲别的闲话，有时重复一遍，有时不重复，其他同学也不再被他逗笑了。

如果你要问我他默写怎么样，成绩怎么样，我只能告诉你他是重默的"老客户"了。

他的脾气很倔，我默写重默的规矩是：必须先订正三遍，再来找我重默，订正和重默是在两个本子上的。有次小坤一上讲台就趴在上面，开始重默，我询问他的订正是否完成，他头也没抬，随便"嗯"了一声。

"拿上来给我看看？"他的头更加的低，仿佛要贴到作业本子上了。我让他停止默写，看着他的眼睛说："你应该知道我的规矩，不订正，不能重默，如果没订正好，就回去补好，再过来。"他很倔，一再说自己订正好了，但就是不肯拿出来给我看，并且一气之下，把重默的纸撕掉，回到座位上生闷气。

我当时采取了冷处理，没理睬他。下课后在电话里和他妈妈说明了情况，请她注意观察他回家后的情绪。第二天早自习，趁着大家都在朗读的时候，我弯下身子和他说话，和颜悦色地同他交谈，他一开始还是有些自我保护的样子，但是看到我对他没有惩罚和恶意，也慢慢放下戒备，答应中午找我重新重默，并且订正好拿给我看。

我知道要改变一个学生不是一蹴而就的，对小坤，我做好了打持久战的思想准备，但是他的成绩提不上去，一直是我的一块心病。我知道这和他的行为习惯有很大的关系，虽然我知道急不来，但是他的行为习惯一直不能够纠正，以后会越来越难改正，该怎么办呢？

于洁的建议

就从"葛优躺"说起

1. 有了信仰才能有改变

葛优不是年轻时就走红的，跑了十几年龙套后，凭借《编辑部的故事》出名了，那时候的葛优已经 35 岁了。再后来，他成为亚洲第一个戛纳影帝。

他从小很害羞、内向，因为觉得自己长得不好看，所以不自信。但也因为如此，所以就算跑龙套也跑得特别努力，为了知道真正的工人是怎样，他跑到工厂里蹲点，观察工人走路。据说那时记者去探班，都找不到葛优，因为他的举止和普通工人，真的太像了。

很多人模仿"葛优躺"，但都只能形似而无法神似。因为"葛优躺"是在《编辑部的故事里》的一个情景，藏着葛优深厚的表演功力，他表演的是"生无可恋"的状态。

柏邦妮说："身为男人，你可以丑陋，笨拙，你也可以贫穷，甚至一无所有。但是你不能不'诚'，因为那是你的根基，你的气度，你的胸怀和你的未来。"

我很建议你把我上面这段文字拿给小坤看看，鼓励他拿出一个男人该有的气度，该有的诚意。不要小看初一的孩子，这个年龄段可以和他们谈谈人生了。有时候，内心真正把孩子当成一个可以平等交谈的大人，孩子也就真的慢慢成长成熟了。

是什么改变了葛优的害羞内向不自信？我想是信仰。虽然一直跑龙套，但他从来没有想过要离开电影事业，电影是他的热爱，是他一生要追寻的信仰。

人有了信仰，就可以彻底改变自己，因为信仰是一种高层次的力量。

2. 谁能给小坤信仰的力量

首先是老师。

小坤是倔脾气，越是这样的孩子，越在乎别人对他的评价，就算嘴上不说，心里却是要面子得很。所以当他被你禁止重默而要求补订正时，在众人面前他失了面子，于是负气撕了重默纸；而当你平等和善地和他说话时，他也能够很真诚地说补好订正再来找你重默。

两次截然不同结果的交流，可以比较清晰地看到他的"吃软不吃硬"的性格。

一个老师如果欣赏一个学生，并且这种欣赏被学生感觉到，这种欣赏就会成为一种巨大的力量，推动学生向更好的方向发展；反之，如果一个老师对一个学生的厌弃被学生感觉到，这种厌弃也会成为一种巨大的力量，让学生向更加糟糕的方面崩溃。

"人民有信仰，国家有力量"，这是我最近看到城市里很多地方都出现的标语，我很认可。同样，"学生有信仰，班级有力量"。如何让学生有信仰，尤其是小坤这样的常要来个"葛优躺"的学生，如何让这根歪倒的高粱笔直起来，我想，一个老师由衷的欣赏并且被学生感受到，是最好的方法。

其次是朋友。

有一句话叫作："你想变成什么样，就按什么人的样子去生活。"这就是榜样的力量。

也许葛优这样的影帝的榜样有点远，那么班级里好学上进又比较自律和善的同学中有谁是小坤同学比较欣赏的呢？安排这个同学和小坤结个对子，坐在小坤视线可达范围内，让小坤看到这个他欣赏的同学是怎样学知识、增能力的。到下课的时候，让这个学生来和小坤聊聊，问问有没有没听懂的地方，帮他讲一讲，或者每次跑办公室帮老师做事的时候带上小坤，让小坤成为他的一个小助手。

这也是一种欣赏的力量，来自一个很优秀的同学，我想小坤内心也会有喜悦感的。被一个优秀的同学看得起，这本身就是一种令人奋进的力量。

再次是暗示。

在我的班级里，有一些同学的桌子角上我贴了标签纸，上面写着"成功还有一个名字叫努力""为了理想奋斗，虽苦犹甜""就算遍体鳞伤，也要赢得漂亮""我相信，我可以""我要变得优秀"之类的简短有力的句子，这些句子是我写好在贴纸上，然后由学生自己选择喜欢的一个句子或者学生自己想一个励志的句子贴上去的。

有很多优秀是从一开始假装自己优秀开始的，或者模仿别人的优秀开始的。很多小懒惰、小放任变成大懒惰、大放任，都是因为一个人独处，缺乏监督。一个老师要教四五十个学生，在课堂上无法为了一个学生而耽误其他学生，这样的小贴纸就相当于一个老师的督促。

最后是器重。

我尝试过一种方法，收效很好。让小坤这样的学生自己选一门觉得能学好一点的功课向任课老师申请做课代表（反正课代表多一个也没关系），或者班主任向任课老师推荐他做课代表，帮助老师收发作业或者做课前准备。在这之前可以和任课老师沟通好，任课老师提出要考核一段时间才能决定是否让他做课代表。做了以后也要考核一段时间。这样的两段时间，加起来也有两三个月，如果小坤能够坚持下来，学习态度和成绩有所改变，那么一个良好的习惯正在慢慢形成，再加上老师的暗示、朋友的督促，我想他会有较大的改变。

我也要提醒的是，对于一个学习习惯和学习成绩相对落后的学生而言，反反复复是很正常的，教师要有极大的耐心。要记住：有些学生我们可能永远要不到他的好成绩，但是我们可以稍微改变一点点他的精神状态。

对小坤，你一切从零开始。摒弃从前所有对他的不良印象，人生只若初相见。

好学上进成绩却不好的学生，怎么办

○ 带着好奇的心态去观察去研究，就像李时珍尝百草一样，一旦找到了，
  能够对症下药，有所效果，内心就会有很大的成就感。

新手案例

这么认真竟然成绩不好

老实、好学、勤奋、上进。写下这些优点，我甚至觉得他学不好肯定是因为我没有教好。

我对于小杨的印象深刻，我和他说话时，他总是会努力瞪大眼睛，显出很认真听我讲话的样子，头时不时地点，偶尔还会思考一番。当他回答我的时候，总是声音很小，几乎可以用"嗫嚅"来形容。

小杨很善良，他总是和所属小组的组员相处融洽，上课时积极讨论。有几次他们组里的组员很吵，影响到其他小组的讨论，作为语文组长，他会一本正经地皱起眉头，小声呵斥他们，让他们放低音调。

小杨是班级里语文课上能够积极发言举手的少数几个人，他很羞涩，起来回答问题时声音很小，所以我总是努力地凑近他去听，很多时候会去鼓励他大声回答问题。有一次他点评别人的预习展示时，点评说别人声音很小，结果被周围同学一起开玩笑，"你声音也很小呀！"他瞬间脸红到耳根，得到我的示意后如释重负地坐下。

因为他一直好学上进，平时成绩也能达到中上等水平，所以直到这学

期末，我几乎没有和他的家长交流过，因为小杨挺让人放心的，能够积极自主地去学习。当期末考试成绩出来的时候，小杨竟然刚刚过了及格线。他的家长立马给我打了电话，和我讲了一句非常揪心的话："小杨自己也不知道怎么学了。"他的家长说这句话的时候，我能想象到小杨耷拉着脑袋的样子，只能和家长说明天我去和小杨谈谈。

心里很庆幸期末考试完之后还能和学生有空余的时间作交流，毕竟期末考试是一学期的总结，如果考得不理想，很可能会影响孩子整个假期的心情，更有可能会在下学期失去前进的动力。所以当他站到我面前时，我竟有些不知道怎么面对他，只能尽可能给他分析试卷，安慰他这一次的期末考试题型比较新，不适应而偶尔考差一次也是情有可原的，只要我们在寒假里重点花时间在试卷反映出来的问题上面，这次考试的失利反而会成为你的垫脚石。

我说这些话的时候，小杨还是点头又点头。我的心里很不是滋味，都说一分耕耘一分收获，为何到了小杨这边，耕耘后就没有收获了呢？

寒假的时候，小杨也一直在 QQ 上传给我他的作业和反思。经过一个寒假的努力，在前几天开学时，他当之无愧地被同学选出来作为优秀寒假作业者。然而小杨在这个学期初的调研测试中，再次失利，100 分的试卷只考了 64 分，几乎和平均分持平，基础不理想，作文只有 25 分（满分 40 分）。

我很担心小杨的状态会不会因为这两次的考试而更加低迷，也不知道如何再去安慰他了。对于好学上进又停滞不前的学生，我该怎么办呢？

于洁的建议

看到认真的背后

这样的学生不是小杨一个，几乎每个老师都遇到过。感觉真的很认真，但就是考不出好分数。因为学习态度很好，所以老师心里很抓狂，不知道怎么再去教育了。

但是教书的时间长了，遇到这样的学生多了，老教师就渐渐看出了一些名堂来。

我把你的这个教育叙事给我的沙龙成员们看，周春红老师很快就写下了她的看法：

1. 小杨内心深处当然是有进取心的，但是老师在学校里看到的"认真"却不一定是百分百的

从案例中，"我几乎没有和他的家长交流过。因为小杨挺让人放心的，能够积极自主地去学习。"可以看出老师对小杨的了解都是来自在校期间对他的观察，要知道学生是有多面性的，他在学校和在家里可能是完全判若两人的状态，所以我建议老师多关注他，加强家校联系，了解孩子在家的学习状态。比如：孩子在家写作业的速度怎么样，在家是否玩电子产品，是否能做点预习复习工作。当家长说"小杨自己也不知道怎么学了"的时候，教师选择了和小杨谈谈，这个时候其实适合与家长面谈，共同找出原因帮助孩子。

2. 教育是慢的艺术，要学会等待

每朵花的花期都不一样，量变才能引起质变，如果小杨真的一直很努力，那么有可能是时候未到。小杨之前的成绩都是中上等，还是不错的，期末考试考砸了，教师采取的是帮他分析试卷，这样做其实孩子很被动。建议教师可以让孩子自己分析失利原因，引导孩子学会反思，因为没有人比自己更了解自己。只有对症下药，才会有疗效。教师单方面的安慰与分析效果可能甚微。同时，教师需要有一颗强大的内心，相信孩子终会进步，毕竟语言的学习本来就需要长时间的积累，不是一朝一夕可以提高的，学会静待花开，给孩子信心。

3. "好的方法是成功的一半"，帮助孩子寻找适合他的学习方法

如果小杨的学习态度和学习习惯都没有问题，那问题可能出在学习方法上。有部分学生看起来很勤奋，可是学习的效率却很低下，仍然采用小学里死记硬背的方法学习语文，殊不知现在的语文学习更多的是需要大量的课外阅读。初中阶段语文名著数量大大增加，光靠上课听听、读读背背，已经难以应对现在灵活多变的题目类型。学生要改变学习方法，老师也要改变教学方法。

4. 挫折教育非常必要

教师可以找小杨单独谈心，告诉孩子我们很能理解他的感受，然后帮助他寻找出他停滞的原因，并且鼓励他人生就是一个不断探索的过程，这其实才是人生的乐趣所在。当有一天他终于进步的时候，他会万分兴奋。同时，引导孩子找到与自己水平相当的竞争对手，这样可以激发孩子的斗志，让孩子越挫越勇。

看完周老师的分析，不知道你是否有所启发。

我还想补充几点我的看法。

我注意到小杨有着比较矛盾的性格。

和老师交流的时候，一方面是瞪大眼睛拼命点头，一方面是嗫嚅的表达；上课的时候，一方面是自己主动举手回答问题，一方面是低到极点的声音；一方面自己发言声音很低，一方面却批评别人发言声音太低……

矛盾的性格背后，一定和家庭有较大关系。

我猜想他的家里应该有个比较强势的家长，这个强势不一定是高声怒吼型，很有可能是比较苛求型的。使他产生畏惧，一方面很乖巧，瞪大眼睛、拼命点头，应该就是在强势中被训练出来的，另一方面也让他有了不自信的性格。而这样的孩子，在遇到比较灵活的试卷时，往往就容易失利。他的心态会很不稳定，他的灵活性会很不够。

他在家里见到了强势的管理，就会在一定场合模仿这样的一种腔调，比如他在管理自己的小组成员时就呈现了这样的模样。

但他又是喜欢你这个老师的，从他对你的态度完全可以看出来，他是希望自己学好你的功课的。因为他感觉到了你对他的欣赏。

如果是我，面对小杨，我会告诉自己忘记他的那两次失利。不在他面前再提起那两次考试成绩，把他当成一张白纸，一切重新开始，继续表达你对他的欣赏。当小杨发现你不再提起那两次考试成绩时，他会长舒一口气，不再背上沉重的包袱。

如果是我，会研究小杨的试卷。看看是否审题不到位，是否灵活性不够，是否作文跑题了，是否把课堂上讲过的都做出来了，从而在课堂提问时有针对性地让他回答他原来做得不够好的地方。

如果是我，会给他定个小目标。比如下一次语文考试，基础扣在几分以内，作文扣在几分以内。让他自己来定。男孩子，一旦有了目标，会和从前有所不同。

如果是我，会和家长面谈。了解家长是否经常指责小杨，导致小杨自信心不够，从而和家长沟通如何让小杨变得自信起来。

有时候我想，教育工作的有趣和魅力就在这里。

带着好奇的心态去观察去研究，就像李时珍尝百草一样，一旦找到了，能够对症下药，有所效果，内心就会有很大的成就感。

这就是职业的幸福感。愿你永远保持好奇心。

用这种笨方法，走进学生的内心世界

○ 与其拼命去想有什么办法，不如用最笨的办法——真心对待。

给我一个能撬动的支点

上个学期我们班的作文成绩不尽如人意，所以新学期伊始，我就连续布置了两篇作文，希望学生多练笔，多积累写作的经验。效果不太明显。

我决定开始和学生同题作文，学生写一篇，我也写一篇同样题目的文章，和他们互相交流。让他们通过我的作文看出一些写作的名堂，我也可以更加透彻地理解分析学生写作的思维。

事实证明，这是一个很好的方法。当我拿出那张我自己写的作文纸时，所有人的注意力都很集中，包括小雨。

小雨是个很少说话的女孩，课堂很少看到她有任何积极的表现，但是让她站起来回答问题还是很不错的，可以看出来她在听，只是不喜欢共享。成绩中庸，表现中庸，我几乎没有特别注意过她。

直到那天，有一道题目，是课后作业的最后一题，只要言之有理就可以得分。题目是对父母教育子女的行为如何去看待，几乎每个人都将这道题视作送分题而随意回答了一下，除了小雨。

她的答案是这样的："我不喜欢父母给我报的补习班，数学太痛苦了，我不想去上，我想去学我最喜欢的绘画设计，我能坐在那里学习一整天！"

我没想到，可以用"文静"这个词语去形容的小雨，内心竟然如此激烈。

我决定在她的答案下面写一些我的看法，期望能够对她有帮助。

"绘画设计真的是个很好的专业，但是数学是设计专业的基本课程，只不过你现在学的数学是独立的，而绘画设计的数学则更专业一些。坚持下去，为梦想去奋斗！"

写完我还是很忐忑的，因为我不太懂绘画设计，不知道自己的鼓励会不会适得其反。有时上课我会观察她，发现她似乎没有什么变化，也就渐渐地淡忘了这件事。

作文课进行得很顺利，很多同学都在认真评判作文，在某一个点上，有五只手高高举起，我用余光瞥到小雨，她的手刚举过眉毛，畏畏缩缩。

我立刻喊了她，并且对她的看法给予肯定，同大家一起分析她的想法。

她开始频频举手，甚至在一个同学提出作文的缺点时，她会高高举手，反驳那个同学的看法。

语文能够通过这种鼓励为她提升学习兴趣，提升自信心，并在她心里埋下小小的种子，在某一个节点破土发芽，成为学习的巨大动力，这是我自己也没有预料到的。

我很庆幸我重视了她对那道题的回答，并小心地鼓励了她一下；我也很开心我的同题作文的方式激发了全班学生的写作积极性。

一个班级那么多学生，如何更多地关注到学生的内心世界，找到那个能够撬动的支点，真的有点难，请老教师给点法宝吧。

于洁的建议

"熟"才能生"巧术"

前几天，和我搭班的化学唐老师课间时间给小欣同学讲完题目后，对她说："你这几天化学有点进步，作业做得比较认真。"小欣听了自然高兴，我坐在唐老师前面一个位置，后背正对着唐老师，这些话听得很真切，于是我心里也挺高兴的。

"来，吃个糖，再努力点哦，去吧。"唐老师的声音，没等我回头看小欣的表情，就听见她乐呵呵的"谢谢老师"，一阵风一样旋出了办公室。

唐老师乐了，说："还真是个孩子。"

英语陈老师走进办公室，对唐老师说："你知道吗，小欣走出来遇到我，哈，手里拿着个糖对我摇摇显摆，说化学老师给的。"

我们都笑起来。

唐老师感慨道："表扬学生的一个小小的点，还真是能带给学生一天好心情，学习上也能主动一些。比批评的效果要好。"

"主要还是学生能感觉到老师的善意。"我说。

一颗糖能带来一种激励，那么半颗糖呢？

有一次我买了几个很好吃又很贵的"白色恋人"现烤面包，放学时把7个最近一阶段表现进步的学生留下来，我先一一点评了他们的进步，然后拿出4个面包说："我想奖励一下大家，可是这面包太贵了，两个人分一个吧。"

学生们很开心，6个学生很快分完了三个面包，在最后面的小佳走上来时，我说："你和我一起分一个吧，我也很想吃的。"小佳很高兴，一分二的时候，我俩还为半个的大小礼让了一下。其他吃完面包的学生羡慕的表情我看在眼里。

从那以后，我常用"半"个来奖励。

一块饼干，我一掰二，我一半，学生一半；一个苹果，一切二，我一半学生一半……

这就是自己人才会发生的事。奖品不在于多少，更在于情谊。

你笔下的小雨，之所以能有一定的变化，是因为你对她表达了你的理解，理解她的苦恼，给出善意的建议。虽然你自己说得很没有底气，但是不妨碍她因此而对你有感激。

有时候，我们其实并不能解决别人遇到的难题，但是我们认真地倾听了，也站在对方的角度表达了我们的理解和同情，这已经很能满足对方的心理需求了。

你问我：一个班级那么多学生，如何更多地关注到学生的内心世界，找到那个能够撬动的支点，真的有点难，请老教师给点法宝吧。

法宝自然是有的，比如建立多种渠道和学生沟通交流，周记本啊，心里话本啊，书信啊，字条啊，试卷留言啊，每天一句话啊，操场散步式聊天啊，家校沟通啊，其他同学评价啊……

而我更想告诉你的是：所有的"术"都源于"道"。

你是一个怎样的老师，带着善意还是带着鄙夷，学生日久知情。所以同样一句话同样一个方法，不同的老师采用，效果有时截然不同。

与其拼命去想有什么办法，不如用最笨的办法——真心对待。

你说话的时候没有讽刺挖苦打击，就算批评也是就事论事，不带上人家祖宗八代人；

你看人的时候没有不耐烦和看不起，就算学生真的给你添了麻烦也能先平静了自己的情绪再去处理对方的问题；

有的学生确实学习成绩不好，但只要有点进步你就由衷地喜悦并在细节上表达你的赞赏；

有的学生确实很调皮，但你依然告诉自己一切都是正常的，自己本来教的就不是圣人，老师自己也不是圣人，一切尽力而为；

有的家长确实很不给力，要么打一顿骂一顿，要么不闻不问不管，但你知道他们的知识水平和能力以及自身性格和格局可能就是这样，在教育孩子上有心无力导致无心无力，但是这并不妨碍你继续竭尽全力教育他们的孩子直到你也无能无力；

……

　　亲爱的儿子，"道"才是方向，"熟"才能生"巧术"，当你在教育的路上一直保持着探索研究的姿态，当你在教育的路上踏踏实实一步一个脚印，当你经历了参与了很多学生的喜怒哀乐，你会像武林高手一样，一根小树枝就是一把锋利的剑，一片小树叶就是一柄发光的刀。

　　所有的无招胜有招都是日积月累苦思冥想不断探索后的回归自然。

从不调皮，就是学不好的学生怎么办

○ 老师手里不是一堆石头，而是一粒粒种子。花期不同，未来各有特色。

新手案例

老实巴交成绩不好

小严是个把他扔进人海中就会转眼间看不见的男孩，但是如果把他的作业本摊开扔在无数作业中，我会一眼就认出来，他的作业，太有特点。

在他空白的几个题目上打上问号，在他只写了几个字的答案上打上叉，在他写了很多难以被认明白的字上打上钩加一点，几乎没有对的题，只好在最后的评价处打上"B"。

他的组员都是比较认真的孩子，所以交上来的作业完整程度前后反差太大，我总是在批到小严作业时发出一声叹息。

小严老实善良，这点同学和老师都公认，小严成绩不好，学得慢，也是我们心照不宣的事情。

"小严，这些题都不会做吗？"

"老师，我都不会。"小严睁着很大的眼睛，有些畏缩地点点脑袋。

我细细地给他讲解了一遍，小严拿着作业本跑下去，过了一会儿，拿上来给我批订正。嗯，八九不离十，但还是有一两题忘记了思路，他挠着脑袋，憨憨地笑着。我又讲了一遍，他又去订正，总算是对了，我舒了一口气。

肯学习，不善思考，明明是"学而不思则罔"的典型，孔子告诉了我没有思考的学习会迷惘，却没告诉我怎么去帮助别人学习思考啊。我郁闷。

默写需要记忆，不怎么需要思考吧，可一旦默写比较难，小严的名字必然出现在重默的名单中。

他的字是重默的"元凶"之一，字很不端正，大而斜，歪歪扭扭，一些常用的字会被他写得很奇怪，变成陌生的字，时常会漏写一撇一横。

我想了一个办法：教授新课的时候我会抽一些人上黑板默写生词，我让小严成为上黑板的常客。

每次他写完回到座位上坐着的时候，我会偷偷观察他，他神情会挺紧张的，似乎在牢牢盯着自己的字有没有错误，写得是不是和别人一样。所以我确定他学习的心性尚佳，只是不知道有什么办法能够帮助他更有自信、更有效率、更有成效地学习。

这个问题，老教师能否教一些方法呢？

于洁的建议

不是每个小孩都一教就会

"不是每个小孩都一教就会"，这是我们每个人都懂的道理。

可是老师一站上讲台，一开始讲课，一批改作业，一考试，就会不知不觉忘记了这个道理。哪一个学生我们讲了几遍还是不懂，我们就会焦躁起来；哪一个学生跟不上学习考得一塌糊涂，我们就会心烦意乱起来。

我们用同一本教材、同一个进度、同一个难度，去教了整个班级，期待每个学生都能学个八九不离十，我们时常沉浸在失望之中。我们用一刀切的方法教着学生们，希望切出来是整整齐齐的，结果却总是犬牙差互。

教书的时间长了，渐渐明白了一个道理：在一个没有任何选拔完全按照学区划分招收的班级里，最后能考上四星级高中的也就那么几个学生，绝大部分的进入三星级高中或者职高。这些绝大部分的学生陪伴着那几个学生读完了初中。而我们教书，是按照那几个学生的标准教的。

有的学生一点就通，有的学生几点才通，有的学生怎么点都不通。这是一个班级最正常的现象。小严属于哪一种情况，你比我更加清楚。

记得小时候，跟着父亲走路，他三步两步就甩我很远，我跟在后面疾步而行，几乎一溜小跑，到最后右下腹都觉得痛起来了，可是粗糙的父亲浑然不觉。那时候，跟父亲一起走路成为我很大的痛苦。

我想，小严这样的学生跟着整班学习同样的东西，他也很痛苦吧。可他善良老实心里特别想学，我心里真是担心刚读初一的他就把书读成这样了，初二初三如何度过？

我更在乎的是他的自信心是否一次次受到打击。

人在世间不只有读书和考试，不擅长读书，但也许有更擅长的地方。

读书读到最后越来越沮丧，这是极糟糕的事情。

当你要不到一个学生的好成绩，你还可以问他要点什么？值得好好思考。

你的学校每天中午有 20 分钟的学生练字时间，真是极好的做法。小严的字很有问题，导致他的默写错误率很高，这个问题如何解决？

记得我小时候练书法，书法老师会用红色在我写得比较好的字上画圈圈。每次书法本子发下来，我们都争着看谁得到的红圈圈最多。

我想这个办法也可以用在小严身上，告诉他你会在他写得相对好的字上画红圈圈，让他看自己每天能得多少，是否能一天比一天多。

关于订正，与其让他订正出正确的答案，不如让他依次写出答题的思路，这样多次后他能够渐渐举一反三。

我很希望你能找到小严一两个值得大大赞赏的地方，当一个老师用惊奇、赞叹的表情和语气去对一个学生说话的时候，学生大脑两半球神经细胞的萎缩、惰性和虚弱，会得到很大的改变。

苏霍姆林斯基在书中写道："儿童的学习越困难，他就应当更多地阅读。阅读能教给他思考。"我们平时也发现，很多学生做语文阅读题失分率很高，原因就是没有仔细阅读，而是一目十行，大约地看看就开始答题目了。我想让小严更加仔细地阅读原文和题目，而不是老师让他直接去订正题目，效果会截然不同。

我很艰难地打出下面一行字：

不是每个学生都是读书的料。

说这样的话，需要勇气，也容易被拍砖。但教书这么多年来，我真的是这样想的。

所以，我做的事情就是：不急着太早下这个结论，而是尽心尽力、耐心又耐心地一遍遍教，直到他毕业。

我看到玩玉的人买回来一堆看上去普普通通的石头，有的切剖开来，是质地极美的玉，也有的就是一块普通的石头。玩家说：赌输了。

教育没法赌，不能一刀切。老师手里不是一堆石头，而是一粒粒种子。花期不同，未来各有特色。

遇到不自律的学优生怎么办

○ 如果一个老师的某些举动可以彻底改变一个学生，教育就显得太简单了。
  还是那句话"反复抓，抓反复"。

新手案例

"林奶奶"有天赋却不自律

小林被同学们称作"林奶奶"，是小学同学给他起的。一个大男生为什么会被这样叫呢？是做事拖沓，还是行动缓慢？这个问题我一直放在心里，因为从一个外号里能够看出很多学生的个性特点的。

前几堂课的观察，我没有怎么发现他的异常，倒是发言挺积极，也蛮有自己的看法，所以还是很赞赏他的。第一次单元测试，出乎我意料，本以为很高看他了，没想到他在语文方面的造诣很深，头一次就摘得两个班的桂冠。其他同学在传到他试卷的时候大喊："林奶奶110多分！"他便很得意，在位子上摇头晃脑，向同学炫耀。

自从那次考试以后，他在语文课上的发言越发积极，"积极"到随便插嘴，甚至忙里偷闲讲小话。我突然就明白了他外号的含义，原来是他嘴太碎，话多得像个老奶奶。真是让我哭笑不得。

若止于此，倒也只是管管课堂的纪律罢了，许是心高气傲，小林开始和别的同学发生小摩擦，和同学玩的时候也没轻没重，经常引起别人的反感和愤怒。于是他的座位开始被频繁调动，可他很快就会带起小范围的讲话声。无奈之下，只得将他换到人数最少的小组，由于成绩差距比较大，所以他们一旦讲话，绝不会是有关于学习的。小林的嗓门很大，笑声也很粗犷，会控制不住自己的音量，挑战我的忍耐力，我只能一而再再而三批评他的行为习惯，这种情况在自习的时候也发生较多。

在课堂上时，如果一节课没有喊到他，他就会蠢蠢欲动，随时抓住机会讲话。若是喊到他，他的答案正确精准，得到我的肯定后，他的注意力会稍微集中些。只是他有个"竞争对手"与他不相上下，若是有一篇新的古文，他们会在某一个重点实词的解释上面发生分歧，不是课后讨论，而是"课堂争论"，一言不合就会爆粗口，最终双双被罚。

我不能打消他们的学习积极性，但这种行为太让我反感，我的心里很不是滋味。难道比较有天赋的孩子都有某方面的明显缺陷吗？

我既不希望一个在语文上颇有天赋的孩子被我"打压太重"，又希望能够改掉他不好的习惯，请问老教师该如何是好呢？

于洁的建议

老天向来公平

有研究表明，每个人都是某一个方面的天才，只是很多人一生没有发现自己，更没有被人发现；少数人的天赋在很小的时候就显山露水。只可惜，有天赋和优秀是两回事。

有天赋的人比较有个性，但是个性和自私又是两回事。上课只顾自己嗨完全不管他人是否被影响，甚至当堂争执爆粗口，除了自私更是素质不高。

而这些明显的缺陷，小林本人是没有感觉的。

有天赋却不自律，老天向来公平，向来吝啬，不可能把所有的好都集中在一个孩子身上。

我想他的童年时代一定因为聪明而备受称赞，而他的家长也可能因为孩子的聪明而忽略了其他行为习惯的约束。"人来疯"是聪明小孩的一个显著特征。

我也曾接触过这样的学生小飚，也曾在一开始的时候内心喜悦，这样有灵气的学生是可遇而不可求的，但后来和你一样，也是一声叹息。

我后来所采用的方式，供你参考。

一次谈话，有意无意

有一次在美文赏析课《做一朵又美又香的花》谈到世间万朵花时，我说真是很遗憾，昙花很美，但只在夜晚开放而且一现就凋谢了；桂花很香很香，但是花朵像米粒一样，实在称不上美；牡丹花朵很美很美，但是香气却不如梅花……就像梅花逊雪三分白，雪却逊梅一段香。人也是如此，世上聪明的人很多，勤奋的人也很多，但是又聪明又勤奋的人实在是太少，所以真正能够达到优秀的人不多。

一个对手，不可小看

班级里有天赋不如小飚但是很勤奋的学生小荣，让他俩成为一组竞争对手。小荣沉默寡言，很能自律，属于内秀型。考试成绩两个人不相上下，互有输赢。这样小飚自然不敢掉以轻心，有时候不自律的时候，小荣会有意无意看一眼小飚，小飚也就收敛了很多。

有时候我会把他俩喊到面前来，让他们两个相互表扬一下对方，也相互提一下意见和建议。这样可以互补他们两个的性格。

记得有一次班级里投票选举男生榜样并写下理由，小荣高票当选。我采访了部分学生，请他们上黑板写写投票时从哪几个方面来考量，很多学生写下"不说脏话，很有礼貌""不仅自己成绩好，还能热情帮助同学""自律能力强"……这对小飚也是一次照镜子的过程。

一封书信，寄予期望

我曾经给小飖写过一封信，稍微修改一下，就可以送给小林：

一个真正的优秀生应该是这样的：有明确的奋斗目标，而不是一阵一阵的心血来潮；有持之以恒的精神，而不是三天打鱼两天晒网。简而言之，是有目标有行动的。

有一句话很老套，但是送给你特别契合实际。成功是 1% 的天才加 99% 的汗水。

仅靠那么一点点自身的灵气，时间长了也就是班级二流的水平。那些上课认真听讲的人，会轻而易举地把你甩到后面去。因为学习需要聪明，但是更多需要的是静心。

到了初二就是个分水岭，有些学生会渐渐变得沉稳而踏实，成为一个成熟懂事的少年人，有些学生依然懵懂茫然，像个小学生一样一天一天老样子过下去。真正的成长是慢慢改掉自己的缺点。

从一个旁观者的角度来看你，要成为一个真正的尖子生，只需要每一堂课都认真听讲，不再心浮气躁，就可以了。但是这么多年，你习惯成自然，碎嘴出外号"林奶奶"，要改变难上加难，老师也不可能在上课时一直提醒你，所以你要成为一个尖子生是有一定难度的，除非你真的决定要排除万难做个尖子生。

"宁静以致远"送给聪明的你，我想你一定懂得。

期待你的进步。愿你带动更多的同学走上踏实勤奋的学习路，那才是你真正的气场和能力。

我将拭目以待。

虽然我给了以上三个建议，但是我也要你做好一个思想准备：所有的改变都是如此艰难，如果一个老师的某些举动可以彻底改变一个学生，教育就显得太简单了。还是那句话"反复抓，抓反复"。

一个教师要变得优秀，也是一样的，除了需要一定的灵气，也是要静下心来，踏踏实实。

你和"林奶奶"共勉吧。

遇到偏科的学生怎么办

○ 新教师的底气是从备课这一环开始的。

新手案例

数学天才语文偏科

小景是个长相很普通的女孩，上课很少发言，眼睛小小的，当我将目光投向她时，她总眯着眼，露出一条缝是常态，给我一种睡着的感觉。

那种感觉很熟悉，没错，是我上初中时最佩服的一个天才同学，上课似乎不怎么听，但是考试却总能名列前茅。

可惜，小景最擅长的不是我的语文，而是数学。她的数学成绩几乎每一次都能考前几名，而语文成绩则是平平，不高也不低，130 分满分的卷子，没有上过 100 分也没有跌下 90 分。

作为老师，我很怕遇见这种学生，或者说，大多数新教师都害怕。偏科的学生，而且偏的那门，是自己教授的学科，这会让我们恐慌，因为其他科目的出色可以看出他的基础很好，智商很好，所以担心是自己的水平不够，不然他为什么只有自己教的那门学不好呢？

于是我们反省、反思，甚至在上课时会观察那些学生的状态，以检视自己的教学是否有问题，如果心理不强大一点，甚至会成为自己的一块心病。

在几次大型的考试分析会上，拿到年级名列前茅的学生成绩，我会细细地将我所教两个班的学生成绩调出。当我发现有一两个学生的语文成绩明显落后于相同分数的学生时，一种失落的感觉弥漫出来，暗自下定决心要好好帮助他们提高语文成绩，也采取了一些行动。比如上课多提问，对于作业更细致批改，为他们分析试卷，可结果常常事与愿违，该多少还是多少，陷入一种反复的循环当中。

当我发现小景上课一有不认真听的情况，我就会敲敲她的桌子，或者一个眼神让旁边的同学提醒她，久而久之，她的听课状态好了一点，但语文成绩仍然不尽如人意。

从这件事里，我发现了作为新教师的我底气仍然不足，面对偏科的学生，请教老教师，有什么较好的方法能够让她偏科的那门功课成绩有所提高呢？

于洁的建议

不给自己和学生下负面暗示

我是初一开始学英语的，第一次英语单词默写得了零分。英语老师吃惊极了，说你数学那么好，又是语文课代表，怎么英语就学不来呢？

我也很沮丧。我明明是背了的，可是老师嘴里一报单词，我就完全不知所云了。

父亲对我的学习是从来不管的，知道我得了零分，对我说："我那时候学俄语，咕噜咕噜舌头怎么也拐不过弯来，从来没学好。"他的意思是我学不好英语应该是遗传吧。

他没给我任何压力，反而表现出一种很理解我很宽容我的状态，让我很不爽：你自己学不好俄语，就认定了我学不好英语？

我后来在英语上下了很大的功夫，后来还代表学校参加市里英语竞赛。

自己就明白了：有些事情，刚上手，每个人接受的速度是不一样的，不可以一开始就下结论。

如果我听了父亲的话，就此给自己下了负面暗示："我肯定学不好英语的。"那么我的英语有可能真的就学不好了。

因此，我在思考小景同学是否也曾多次接收到负面暗示呢？比如从小学到初中，一直听到有人表扬她是数学天才，然后与数学相比语文弱一些，人们就会带着遗憾说："她数学很好，语文偏科。"经常听到这样的话，小景如果不是一个很要强的人（从她听语文课的样子来判断，好像真的不是一个很要强的人），她就会在数学上越学越起劲，对于语文就会有自我负面暗示："我的语文肯定没法学好的。"

毕竟这个年龄段的孩子，在功课上还是看菜吃饭的。喜欢的越来越喜欢，不喜欢的越来越不喜欢。

1. 老师不要再有负面暗示

因为，作为老师，首先自己要打破对小景的负面暗示，和她谈话不要再说她语文偏科。而是在分析试卷的时候，赞赏她做得不错的地方："到底是数学天才，语文回答问题也是思路清晰，考虑周密的。我就知道数学天才语文能学好的，你看数学家华罗庚还写了一篇《统筹方法》出现在我们语文书里呢。爱因斯坦还是小提琴家呢。聪明人学啥都能学好。"

用这样的正面暗示，鼓励小景，她就会打破自己负面暗示的魔咒。

2. 认真分析试卷，找出问题所在

根据你所描述的小景的听课状态，她的问题很可能出在听课效率上。聪明孩子听数学是听一个思路，思路明白了，就可以做题目了，所以数学上她只要听到一点关键信息就不会出问题。但是文科的东西，都是比较零碎的知识点，听课效率不高，是会丢三落四的。似听非听，下了课也就丢在脑后了。

因此仅靠上课提醒她认真听课是不够的，可以在每节课下课请她来老

师这里复述课堂上讲过的知识点，用这样的方式让她自己明白文科与理科的不同之处。

3. 设定小目标，每次进步一点点

她的成绩一直在 90～99 分之间，说明一个问题：大阅读扣分较多。语文凡是要上 100 分，就必须在大阅读上扣分较少。因此对她可以进行单独拔优，一周两次布置她一份单独的大阅读作业。把因材施教落到实处。

这样的聪明孩子，对于一些没有技术含量的抄写类作业是不感兴趣的，他们喜欢挑战。每次大阅读的扣分状况都记录好，每次设定的目标是少扣一分，看经过多少次拔优可以扣分在一两分之内，教师可以奖励她一下，买个小甜品给她吃吃。

这也是拉近师生关系，亲其师，信其道。

如果每次老师都是批评她："你看看，你数学不错，语文不好。"那么就是亲手把这个学生从语文上推开。

4. 教师本人备好课，上好课

喜欢数学的孩子做数学难题有成就感，在语文上找不到成就感就觉得语文没劲。教师要认真备课，上好每一堂课，在课堂上采用开火车、上黑板、小伙伴竞赛等方式，提高学生的听课效率和听课积极性，把课堂变得紧张又有趣。

我特别提醒：新教师的底气是从备课这一环开始的。备好了课，就上好了课，师生之间就能慢慢心有灵犀。如果没有备好课，课堂提问很可能出现学生站起来一个个像木头，教师心里恼火，整个课堂就变得僵硬不堪。

加油！小菜鸟，好好修炼内功，等着你飞翔的那一天。

遇到恋爱的女生怎么办

○ 对于学生们的各种表现，作为老师，必须加强学习研究，处理问题时尊
重第一，真心第一。

新手案例

"恋爱"后她变了个人

她的心思不在学习上，老师看得出，同学们也看得出。

小涵从活泼到沉默再到无神。

初一开学伊始，她还是个活泼的小姑娘，和朋友们一起学习，结伴来办公室订正或者重默，抑或和朋友们在操场上散步谈笑风生。

只是这样的日子不长远，渐渐地她不再像从前一样：到办公室重默需要催促了，朋友们也不知道她平时在做什么。

我隐隐猜到发生了什么事，经过了解，她在和初三的一个男生谈恋爱。

上课经常性的走神、睡觉，学习上的事情更别说，恋爱中的女孩似乎都傻傻的。走神、发呆，导致她成绩一落千丈，语文常在及格线边缘徘徊，其他科目同样如此。

如果放学我不提早去教室门口堵着，她一收拾书包就跑掉了，与她上课时的懒散判若两人。回家作业草草完成，每次都要退回去返工。

课外名著更是翻都不翻，还因此闹了个笑话：《骆驼祥子》中有个人物叫二强子，凡是读过这本书的人都知道他，而有一次喊她起来回答这个人

物是谁，她当然不知道。有个爱开玩笑的同学大声提醒她是"三强子"，她仿若抓住救命稻草一般，眼睛一亮回答"三强子!"全班哄堂大笑。

不过她对于她的"小男友"还是挺"上心"的：早读课迟到，在同学们默写时慢悠悠地走进教室，估计是和"小男友"一起磨蹭着多待一分钟也好。那慵懒无所谓的神情让人生气。两人经常下课后在操场上逛，但下课仅仅只有十分钟，所以常常来不及回来。

有一次我看初三的作文题目比较新颖，也符合教研员说的考试改革，于是就拿来当作一个未来作文方向的例子，没想到一下课小涵就跑过来："老师你确定初三的作文题目是这个?"我点点头，她很开心就一溜烟跑了，估计又是找到了一个与"小男友"的"共同话题"吧。

老师们都叹气，"早恋"这个事情，越阻止越无法阻止，现如今老师也为难，找她谈话或者告诉家长吧，说不定就闹出个跳楼自杀割腕自杀离家出走啥的大事来。没有金刚钻别揽瓷器活，没把握搞定，只能任其自然。更何况这个年龄的孩子，下结论说是"早恋"，肯定有人拍砖。

从上个月开始，有一段时间，她似乎课间不再往外面跑了，整个人的状态彻底变成了无神，我猜想可能是她和"小男友"出现了问题，失恋了吧?

上课走神睡觉更加严重，她的孤独感更加明显，原来的几个朋友因她以前重色轻友不搭理她们了，如今也不愿再和她近乎。似乎她在很努力地想回归小群体，但是失败了。她每日偶尔露出的笑容是别的同学闹了笑话，或者是她主动去惹别人，想要获得一些"快乐"的感觉。

她就这样从一个活泼的孩子变成一个孤独的小孩，请问老教师，该如何去帮助她？

于洁的建议

做一根救命稻草给她捞

总有一些原因，会让一个少女陷入情网。

有些是家里缺少温暖，哪个男孩子给她一点点体贴，就立刻成为她的白马王子了。

有的是父爱一方缺失，心里某个角落空落落的，没有安全感，哪个男孩子对她有所保护，便如父如兄。

有些是家里太多温暖，密不透风，渴望透气，哪个男孩子表现得酷酷的拽拽的有个性，于是乖乖女就爱上了个性男。

有些是言情电视剧看多了，少女怀春，哪个男孩子表现出电视剧里的某个情节，女孩子就很快入戏了。

有些是生活太无聊了，学习上找不到成就感，或者班级里没有朋友，一切太平淡，渴望新鲜感，哪个男孩子给了她一点点小趣味，女孩子就爱上了。

有的是外貌协会铁杆成员，看到特帅的男孩子就痴迷不已，只要男孩稍微表示对她有点兴趣，女孩子就神魂颠倒了。

......

在这样的"恋爱"中，女孩子是很投入的，眼中只有"他"了。所以表现得"傻傻"的，只要与男孩有一点点相关的，都会立刻放在心上。

人生有过这样的经历，也好。若干年后回忆起来，滋味杂陈，甚至也许不愿意再去回忆当时那个傻乎乎的自己。

教师作为一个成年人，要懂得。

好在那个男孩再过几天就要初中毕业了，好在小涵似乎"失恋"了。

"两人经常下课后在操场上逛"，果然秀恩爱，死得快。也许这个男孩一时的热情已经淡了，对于他而言，这场"黄昏恋"必定会被即将中考的现实泼上冷水。而小涵，在"恋爱"中是很"上心"很主动的一方，在"失恋"后必定陷入怅惘。更何况，以前玩得好的朋友们都知道她的事（"恋爱了"又"失恋了"），她连朋友都没有了。

她努力想回到从前的朋友圈，但是失败了。她失落的样子，很让我心疼。

一个女孩陷入"恋爱"中，她一定不是故意的，哪个少女不怀春？谈不上什么错。

错误的时间？"爱情"来了，是不管天崩地裂的。经历过的人都能理解。

不要再去追究小涵"恋爱"的那一段经历，就让它慢慢沉淀在小涵的心里，成为一种过往，一种说不清的滋味，那也是人走向成熟路上的一段乡间小路。

她此刻的心里是空落落的，既有"失恋"后的痛苦（毕竟她"付出"挺多的），也有"失友"后的怅惘，面对知情者不言而喻的眼神与窃窃私语，她是不知所措的。

这些，对于她而言，都是第一次经历。

老师要做小涵的一根救命稻草。

不动声色地，让她忙起来吧。

让她下课时帮老师把教案教具拿到办公室里；

让她上课前来问问老师有啥要帮忙的；

让她小组结对子时做做发言人；

让她准备一下，来一次课堂小朗诵；

仔细批改她的作文，让她认真修改、誊写，老师在作文课上讲评；

规定她每次下课到一个老师那里搞懂一个题目；

让她参与出黑板报；

让她负责用投影时拉上教室窗帘，下课后拉开窗帘……

只要需要学生做点啥事，就第一时间想到小涵。

她曾经的朋友们其实一直在察言观色，老师的做法，他们会看在眼里，当他们发现老师在努力地使小涵回归从前，他们也会伸出援助之手。

要庆幸小涵曾经是个开朗乐观的女孩子，所以让她忙起来是帮助她走出失落的较好方法；若是小涵是个内向敏感的女孩子，那会难办很多。甚至也许只能默默关注，让她自我消化。师生之间的书信沟通，也许是比较好的方法。

我想很郑重地告诉自己也告诉大家一句话：现在的学生，和从前不一样了。

从前读书加简单的玩耍；现在的孩子各种心思。

因为网络信息的发达，孩子们的世界已经非常接近于成人世界，甚至还有了二次元世界。

对于学生们的各种表现，作为老师，必须加强学习研究，处理问题时尊重第一，真心第一。

也许你不能理解接受他们的世界，但这就是他们的世界。

无论哪个世界，尊重和真心是每个人都想要的。

永远不要觉得学生是你的麻烦。

他们是与你同行一段人生路的人。

三个方法帮孩子度过叛逆期

○ 不和叛逆期学生针锋相对，不用盛气凌人显示"师道尊严"，不在大庭广
众之下批评指责学生。

新手案例

他变得有点"痞气"了

小宇是我教的另一个班级的学生，我努力地想改变他，但是最终都失败了。

初一上学期的他和下学期的他判若两人。

他长得有些像余文乐，时常留着刘海，很是秀气，加上喜欢讲话，在这个班上算是一个小风云人物。

上学期的成绩方面，他属于那种基础不怎么好，上课听讲马马虎虎，考个中下游水平的学生。课后的学习态度还不错，经常拉着同学或者一个人跑过来重默或者背书。我对他的印象还是挺好的，觉得给他一些时间，他能够慢慢往上爬。

结果下学期不知道什么时候开始，他从爱讲话变成爱顶嘴，不写作业了。我私下了解情况，和"手机"与"爱恋"有关，但是没有戳破，想观察一下他，看看能不能平安度过。

但是情况越来越糟。有一次课后作业他没有完成，我在中午自习要求他补好，但是他竟然说了一句"我不写"。我很生气，批评他一通，又去找

其他老师了解情况，让我讶异的是，情况竟然一模一样，都是拒绝交作业。我们决定和他的家长沟通沟通。

他的父亲刚好被班主任喊到学校，因为小宇和另一个男生动手打架了，看来今天他"吃错药了"。一定要和他的家长好好谈谈，我暗自下决心。

到了傍晚，语数英三门主课老师排排坐，膀大腰圆的父亲坐在对面，小宇站在一旁。时间一分一秒地过去，小宇的头越发的低，经过一段时间的"交锋"，我们看出来了，小宇的爸爸很强势，言辞上不断地出现一些打骂的字眼，甚至脱口而出说我们几个老师年纪轻，小宇不放在眼里。我们听了都不怎么舒服。

最终小宇给几个老师道了歉，我也提了意见：第一个学习态度要端正，第二个待人要尊敬。

谈话期间还发生了一件事：和小宇玩得比较好的一个女生，甚至想要分散我们的注意力，说是班级里的同学打起来了，我当机立断说我一个人去看看就行了，结果班里的同学只是闹了点小矛盾，人都走了。而这个女同学，也是把手机借给小宇的人。

当时送走小宇的父亲后，我们互相叹了口气，也许今天小宇会长记性，也许更大的概率是消停了几天，又会恢复原样。

之后的两个星期，一切相安无事。快两个星期后，小宇没有来学校，说是手骨折了，于是连续几星期没有来学校。前几天好不容易来了，绑着石膏，只听课不做作业。这下算是打开了他的话匣子，每一次的警告只能换来短时间的宁静。

之后他拆掉了石膏，又找理由说写字没什么力气，逃掉了许多作业，变得有些像"痞子"一样。我不知道如何是好了，前后两个学期的反差太过巨大，我有些力不从心。

请问老教师，该如何是好呢？

于洁的建议

三个方法与叛逆期学生相处

看完你对于小宇前后两个学期判若两人的描述，我想告诉你：小宇进入青春叛逆期了。"手机""早恋""厌学""顶嘴""打架"……就像脸上的青春痘一样冒出来了。

作为老师，首先要明白这是学生成长过程中必经的一个阶段，是正常现象。有的学生不是很明显，有的学生比较明显。这和青春期到来前学生体内积聚的负能量的多少有关系。从小宇父亲的情况来看，小宇之前在家里的心情还是比较压抑的。

观察小宇的情况，他已经出现了下列逆反类型。

自主逆反：小宇开始拒绝本来愿意做的事情，比如做作业、背书等，甚至故意用"不想做"等挑衅赌气的语言和各科老师说话。

平衡逆反：当老师批评指责小宇的时候，小宇情绪对立，就算心里知道自己做的是不对的，但是为了维持自己的心理平衡，他依然表现出和老师对着干的态度。

评定逆反：教师在教育小宇时，没有表扬只有批评，很容易诱发小宇的逆反心理。

教师与叛逆期学生相处，要提醒自己采用以下三个方法。

1. 尊重

"我已经不是小孩了，你们还把我当个小孩！"这是青春叛逆期学生心里的呐喊。他就像翅膀开始长硬的小鸟，想要飞却怎么也飞不高。各种矛盾冲突带来烦躁情绪，像堂吉诃德一样和全世界作战，像只小刺猬一样碰到谁阻挡就扎痛谁。

教师要理解他，尊重他。记住：他其实是在和自己过不去，就算他冒出来的"不想做"是冲着老师说的，但并不代表他是针对老师的，他不是和老师过不去。

所以教师不能板着脸训斥他的赖作业，更不要在课堂上全班同学面前训斥他，那样只会让他为了维持心理平衡而当堂和老师发生冲撞。

"伸手不打笑脸人"，当发现小宇没有做作业的时候，可以让小宇到办公室来一下，给他一个小桌子和凳子，语气平静地对他说："来，先把这个题目做起来，如果不会做我来帮你讲一讲。"

如果小宇做了一些，就给他批改和点评，做得好的表扬，有错的就讲解纠错。

可能有老师会说：要是他一个也不做呢？那就只当他不会做，给他讲解一下。

青春期叛逆的学生是一只火药桶，一不小心就要炸。教师要控制自己的情绪，不去做那个点燃引线的傻瓜。

谁没有青春叛逆过呢？

2. 关心

小宇骨折后返校时绑了石膏，说明这个骨折是比较严重的。我自己的右手手腕曾经骨折过，上了夹板，应该没有小宇的严重，但也有很大的疼痛和一定的后遗症。教师因为小宇的学习态度不好而认定他说的拆了石膏后手还是没力气是找借口赖作业，这是不对的。

对于一个手骨折的学生，从案例叙述来观察，我猜想教师没有去小宇家里看望他，他返校后教师也依然对他没有任何好感。教师没有对小宇的手受伤事件表示过关心。

其实，这是一个很好的契机。记得曾经有个男孩在学校里因为调皮受重伤进了医院，出院后家长和学校以及班主任一次次交涉赔偿问题，双方非常不愉快。后来这个男孩休学结束后来到我的班级学习，开学的第二天我找了个时间请他和我坐在空教室里聊聊，我说："你当时一定很疼吧？"男孩突然哭了起来，说："老师，从来没有人来问我这个问题，我当时觉得我自己要死了……"那一天，我坐在那里听他和我细细讲述他经历的一切，让他把积聚了很久的心理情绪倾吐干净。也正是这一次谈话，让他觉得我是一个真正关心他的人，我们后来的相处非常和谐。

对于小宇，教师不能带着不满情绪认定他在"装"，而应该以此为谈话内容，让小宇说说骨折后的一些情况，关心他目前手的恢复状况，可以以退为进对他说："你现在手上石膏刚拆，可能还要恢复一段时间，所以暂时不要写太多的字，其他同学写 10 道题，你先写 3 道题，或者你不写，利用课间时间来讲给我听也可以。"

3. 商量

教师要改变习惯性的命令语气，改为商量语气。比如小宇上课爱讲闲话，可以有以下做法：

在上课前和他有一次商量过程："给我一个机会，让我今天语文课上能够表扬你一次，怎么样？"

"你上个学期课堂发言不错，这个学期你好久没有给我惊喜了，今天课堂上试试来一次精彩发言如何？"

"我今天有点累，需要你关心我一下，我觉得上学期你对我真的很好的，你今天想办法给我点安慰，好吗？"

"我一直记得你和我上个学期的师生默契，很高兴能有你这样一个学生，就算成绩不是很好我也还是很欣赏你的，这个学期我想和你一起努力，把成绩再提高一些，好吗？"

尊重、关心、商量，其实是满足青春叛逆期孩子的心理需求，如果还能在适当的体育运动中消耗掉多余的能量，那就能大大减少各种矛盾冲突。

做了老师的成年人，不要忘记自己当年也曾有过看谁都觉得不顺眼，孤身一人要和全世界斗争的青春岁月。

　　不和叛逆期学生针锋相对，不用盛气凌人显示"师道尊严"，不在大庭广众之下批评指责学生，就可以避免很多师生冲突。

　　这三个"不"并不是对学生放松要求，只要仔细看，就会发现上面的尊重、关心、商量的每一点都在坚持着一个原则：作业是一定要做的。

　　避其锋芒、温柔坚持，"不是锤的击打，而是水的载歌载舞才形成了美丽的鹅卵石"，一起记住泰戈尔的箴言吧。

我们为什么会冤枉学生

○ 敬人者，人恒敬之。在师生关系上，教师要作出表率。

新手案例

他被我冤枉后拳头砸在桌子上

小丁与我接触很多，因为他学号靠前的缘故，所以上课我经常会点到他的名字回答问题，一来二去，我和他都有了一种默契，"接下来我要抽学号回答问题了！"那么小丁就会立马集中精神，听我提出的每一个问题，并且努力认真地思考。

但是小丁的基础挺差的，所以不总是能完全回答出来，但是我有耐心，他也很有耐心，即使回答不出来，他也能皱一皱眉头，记下答案。

初一的男孩爱玩，经常下课玩得很疯，忘记自己有各种各样的任务在身上。所以每当我下课来到班级，小丁看到我，会愣一秒，眉头一皱，若是有重默任务，会默默离开男生堆，回到位子上奋笔疾书，若是没有任务在身，则眉头很快舒展开来。

这样一个男孩，让我很是欣赏，然而就在上个星期，我们之间却发生了一件不愉快的事情。

那一节课我让学生到我这里来过关背书，课文比较长，大多数人都没有背熟，所以有些孩子就开始大声地背，我将窗户紧闭，免得影响到隔壁班级。

有些调皮的孩子浑水摸鱼，趁着别人大声背书的掩护讲小话，这必须要抓典型，否则会像病毒感染一样，蔓延到整个班级，我把一些调皮的学生叫到我身边来背书。同时我的鹰眼还在扫视全班，看有没有漏网之鱼。

我发现了小丁和小顾两个人，似乎在交头接耳，视线看着课桌底下，不知在讲些什么。还在讲小话！我让小顾和小丁带着语文书站到教室的后面去背，小顾乖乖地去了，小丁却在辩解，难道我还冤枉了你不成？

"还要狡辩！玩的时候想着开心，现在就皱着眉头？"我语气加重起来。

只听一声响，小丁用拳头砸在了桌面上，把我们吓了一大跳，只见小丁把语文书往地下一扔，踩了两脚，浑身发抖。

我一看势头不对，立马冲到他身边，沉默了两秒，等他稍微缓一缓，然后凑到他身边，"我们出教室说一说吧，怎么样？好不好？"小丁发抖着点了点头。

小丁跟着我来到教室外面，我仔细向他了解了情况，原来是小丁背书的时候，小顾把零食捏碎了，撒在小丁的脚上，两人正忙着清理，恰好被我以为是交头接耳，小丁完全是被我冤枉的。

我郑重地向他道了歉，我劝小丁不要生气，也不要做出刚才那种极端的行动，同学们都被他吓得不轻。

"老师，我只是一被冤枉就会这样。""没事没事，我们下次不要这样了，好么？"我让小丁在外面冷静一会儿，让同学给他拿了杯水，同时让小顾也给他道了歉。下课后他走进教室，却仍然有些皱着眉头。

恰好下节是体育课，我思来想去，感觉给小丁的安慰不够，歉意不够真诚，想着弥补一下。

当我走到操场上，和他们一起打篮球时，全班男生都欢呼起来。这是我第一次和他们一起上体育课，许是受到男生们的热情感染，小丁走上来，加入了对面的队伍，我们相视一笑。

上一节课还是不愉快的，这一节课又变得"师生浓情"。问题虽然解决了，但是我不知道自己的方法正不正确，老教师可否点评一下？

于洁的建议

前车之鉴，后车之师

真是替你捏了把汗。后面的处理是正确的。

我梳理了一下情节：

全班背书——有人趁机讲话——把调皮学生叫到身边背书——发现小顾小丁居然还在讲话——感觉挑战了教师权威，罚他们站到教室后面背书——小顾乖乖去了，小丁还在"狡辩"——再次感觉挑战了教师权威——训斥小丁——小丁发怒，一拳砸在桌子上——教师惊吓，发现小丁在发抖——带到教室外了解情况，发现是冤枉了小丁——教师安抚小丁，并且郑重道歉——小丁冷静下来，还是有点不开心——教师放下身段和学生一起打球——小丁加入，师生一笑。

梳理后我们可以清晰地发现，在这个师生冲突事件中，引发冲突是因为教师要维护所谓的"师道尊严"，解决问题是因为教师放下了所谓的"师道尊严"。

什么是"所谓的师道尊严"？其实就是对真正的"师道尊严"的一种误读。认为教师在学生面前需要摆出一副威严的样子，强调学生无条件服从老师，学生一旦没有达到教师的要求，教师就会批评训斥，直到学生服软。

这样的误读，容易导致师生关系的不平等，教师容易对学生缺乏人格尊重。

真正的"师道尊严"是什么呢？《礼记》中说："凡学之道，严师为难。师严然后道尊，道尊然后民知敬学。"这是"师道尊严"的出处。

所以师道尊严的本义是指老师受到尊敬，那么他所传授的道理、知识、技能才能得到尊重。

"尊严"的前提是"师道"。教师首先要遵守自己的职业道德：爱岗敬业，关爱学生。对待学生要严慈相济。这个"严"字也不能误读，它不等于可以随意地训斥学生、惩罚学生。

因此，当教师在没有清楚了解情况时，就臆断小顾和小丁还在趁机讲话，并作出惩罚，这样的行为就是误读了师道尊严后自然而然发生的。教师当时理直气壮，如果没有发生后面小丁气得砸拳发抖，教师还是没有感觉的。

好在后面的处理非常好，教师了解自己的误判后，能够郑重道歉，能够以打球的方式修复撕裂的师生关系。这对做老师刚第一年的你来说，已经做得很好。

对于"师道尊严"的理解和把握，我也是用了很多年的时间才真正有所了悟。所以这些年以来，一直致力于授以年轻教师处理问题的方法，希望年轻教师能够避开我们这些中老年教师走过的弯路。愿望很美好，但也渐渐发现有些弯路、有些苦头，似乎是必须走一走、吃一吃的。比如你经历了这次小丁的砸拳发抖事件后，就会在今后的工作中警醒自己一定要了解情况后再处理问题。吃到一次这样的"苦头"，也许比我和你几次三番说要真正理解师道尊严的效果好得多。

有"道"才有"师"，韩愈说："无贵无贱，无少无长，道之所存，师之所存。"一个端着腔调摆着架子的老师，是不会受到学生的尊敬的。在求知的路上，教师只是先行者，把自己学到的做人道理和知识告诉后来者学生，以真诚、尊重、共学的方式，才会赢得学生的尊重。

敬人者，人恒敬之。在师生关系上，教师要作出表率。

亲爱的儿子，当你走上教师岗位后，你会越来越发现，你每一天的日子都在发生着一些你从前不曾经历过的事情。

有的带给你喜悦，你要好好珍藏，比如小丁和你打球时的相视一笑，那里藏着一个学生对老师的大度与宽容，那是一个学生的善良与真诚，是世间最美好的情谊；

有些带给你苦恼，你要理出头绪，比如小丁的砸拳发抖事件，要先审视事件发生过程中，有没有你的问题存在着。这样的一种反思能力，将帮助你远离抱怨牢骚而采用积极心理去处理问题。

在未来的从教生涯中，你会渐渐明白教育永远是有遗憾的。当时那刻，我们的一些处理方式到几年以后再回想，总会生出遗憾悔意，会想："唉，如果当时我……就好了。"甚至有些学生老早已经毕业了，已经无法再追回到时光隧道里对他说一声抱歉。

我们唯一可以做的，就是多多学习专业知识，提高处理问题的能力，让遗憾少一点再少一点。

课代表们不省心怎么办

○ 想办法解决问题，而不是抱怨和指责，这是一个教师面对问题的态度。

新手案例

不让我省心的课代表们

我的语文课代表是两个女孩一个男孩。他们一点也没让我省心。其他功课上估计也是如此。

以下是我发现的几个问题：

1. 早自习时，各组语文作业已经收齐放在他们的课桌上，我向他们投以赞许的目光。早读课结束后我往办公室去，我想他们很快就会把作业都搬来的。但是当我头晕眼花批完昨天傍晚的默写，揉揉眼睛却发现作业还没有搬过来。这种情况不是天天发生，但一个月里会有几次出现。

2. 他们交上来的作业本尽管写了未交人的名单，但当我批完细细数时，却发现总有一两个人漏在名单之外。

3. 他们收作业是分开统计的，各人负责几组，他们把作业抱过来也是分批，偶尔就会出现一种情况，一个课代表早早地将作业放在我的桌上，剩下的作业会在我已经批完先交的一组很久时姗姗来迟。

当我碰到第一个问题时，我从行政楼的二楼蹬蹬蹬跑上教学楼的五楼，有些气喘地走进教室，发现课代表正在很忙很急地处理别的学科的作业和事情，我不忍打扰，暗暗地将作业整个抱走，从五楼跑到另一栋楼的二楼，喘一口大气，埋头苦批。

后来班级里新装了一个书架，我就让他们把厚重的读本暂且放在书架上，这样我带着一支红笔走到教室利用课间时间去批改，让他们省力一点，但不可能每一次的作业都如此。

第二个问题则有些束手无策，和课代表谈过缺交名单必须统计正确，正好班级有小组制，于是我想了一个方法，课代表连续三天都收齐写好名单无误交到我手里，就可以小组和个人都加分，但是似乎实行了一段时间，又懒怠起来。

第三个问题我挺能理解他们的，作业多且重，从教室到办公室路途遥远，三个人分工合作是能够减轻负担，但似乎两个女生不愿带上男生，又或者是男生不愿和女生一起。有时其中一个人遇到一点事情，就需要其他两个人多搬作业，他们似乎有些不情愿，平白无故的多出工作量，也没有好处可言，是人之常情。

尽管看过很多关于班级管理的小妙招，似乎没发现能解决类似于"累死我"这样的，我很头疼，请老教师给些建议吧。

于洁的建议

三个和尚没水喝

我也时常收到老师们关于收作业的求助，基本都是抱怨课代表收作业不得力，无非也是你遇到的那三个问题。我自己是动了一番脑筋，各种办法都尝试过的。

俗话说："一个和尚挑水喝，两个和尚抬水喝，三个和尚没水喝。"所以，收作业这件事情，是绝不能让三个学生分开收的，更不能两个女孩一个男孩。要么一个人，要么两个人。

你目前的实际情况是办公室和教室距离远，不在一个楼里；作业（特别是读本）很重，一个人搬不动，一次也搬不完。那么怎么办呢？

读本很重，就按照你想出来的办法，直接收了放在教室书柜里，你利用下课时间走到教室去批改。

教你一招"贴标签"，不用课代表统计你也能很快知道缺了谁的作业。

书柜里一次贴上 5 个标签贴，分别写好 1～10，11～20，21～30，31～40，41～50。学生们的读本左上角注明自己的学号。课代表只要负责喊"把读本交到书柜里去！"学生们根据自己的学号把读本交到相应的标签贴位置。老师只要数一下是否每叠 10 本，如果少了，根据读本左上角的学号很快就可以查出来。

这个方法要每天训练，刚开始的时候，总有学生会忘记交的，所以老师只要发现学生没有交作业，就要严肃地问他要作业。这个过程是做给学生看的，让学生明白老师很重视作业，只要缺了老师立即会发现，肯定是要问自己要的。老师对作业的重视程度，会带动学生对自己作业的重视程度。

所有的作业本左上角都写好学号，这样课代表统计的时候就很方便，根据学号在班级名单上打钩。

如果班级里没有书柜，也可以在教室门外或者门内放两张空桌子，同样是标签分类。

办公室离教室远，不利于班主任对学生的管理，所以老师要辛苦一些，利用课间时间去教室里批一下分量较重的作业本，也方便自己能够及时喊到学生来订正或者讲解。相当于一次面批。

如果教室离办公室很近，那么老师的办公桌上同样可以贴标签，学生到校后自己交作业到老师办公桌上。（我现在用的就是这个方法，每次花几分钟时间查一下有谁缺交，立即去教室讨要，如果没做就利用下课时间到我办公室补做，不会做的我来教。所以我的语文作业是没有人缺交的。）

这些都是可以动脑筋来解决的，不是很棘手的问题。我想说的是老师与课代表之间的相处。

1. 各司其职，而不是大锅饭

中华人民共和国成立以来，中国农村经历了"干部敲破钟，社员不出工"到"不用敲钟，农民赛着往前冲"的巨大变化，原因是家庭联产承包责任制调动了农民的生产积极性。

你的两女一男三个课代表收作业，类似于"大锅饭"，多劳不多得，谁肯多做呢？何况三个人，一个女孩积极，还有一个女孩想反正还有一个男孩垫底呢。但是如果只有两个课代表呢？一个交得早，还有一个就要着急了。

所以我的建议是可以保留三个课代表，但是分工要不同。手脚最快的一个女生负责收作业（问问她好朋友是谁，让好朋友帮忙一起搬作业，好朋友会很乐意的，老师也要多赞扬这样的一对好朋友），男孩负责跑办公室搬批好的作业发下去，另一个女孩负责预备铃响后上台领读教过的古诗文。

2. 心怀感恩，而不是常挑剔

正如你所言，学生们很忙，理科作业的订正，文科作业的默写订正或者重默，占用了学生们的课间休息时间；作业量多，作业品种多（课堂作业、回家作业），使学生们课间都在埋头做作业，不然晚上有可能要做到很晚。课代表们不容易，收作业、查缺交，已经占用了他们的课余时间。他们是老师的助手，能做课代表是一份荣誉，也是一份责任，他们也在尽力而为，但是真的有时候很为难他们，他们也有手忙脚乱的时候。

有的组长不得力，统计时已经敷衍了事，那么到了课代表那里，统计出错就是很自然的事情了。

教师不能认命了课代表以后，就把他们当牛当马使唤了。稍有不到位就挑剔指责，这样会挫伤课代表的工作积极性。

教师对课代表要心怀感恩，有了他们的帮助，工作才能正常开展。所以，当课代表气喘吁吁搬来作业时，教师应该说一声"谢谢，你辛苦了"；当他们统计无误，交作业很及时，教师应该说一声"干得不错，工作能力很强"；当他们交来好几个品种的作业时，教师应该拿个小糖果奖励一下。

说到底，一个教师对待课代表的态度，某种程度上也可以看出一个老师的学生观：是否把学生当人，是否能站在学生的立场思考问题，是否遇到问题一味指责学生。

想办法解决问题，而不是抱怨和指责，这是一个教师面对问题的态度。

赶紧打破"大锅饭"，搞"承包到户"吧。

帮"佛系"的孩子，找到更好的自己

○ 帮助每一个学生找到最精彩的自己，老师要付出一生的努力。

新手案例

佛系乐天王小毛

他在同学眼里是个乐天派的活宝，却成为我很大的一个苦恼。

王小毛并不直接挑战老师的权威，很少大声地说话影响班级纪律，但是他总是会小声的，脸上带着笑容地讲话，带起周围一片讲话的声音。

除了说话，他总是会捣鼓各种"新奇"的事情，用嘴在手臂上吹气模仿放屁的声音；把纸张折起来，用力一甩发出很大的声响；把喝完的奶茶杯子留着，擦得一干二净放在桌子上……

会很高调地给同学看他在做的事情，甚至隔了一组同学，他能和很远的同学交流，做手势，对口型，无所不用其极。

而当我走过他身边时，他会收起笑容抿着嘴，小心翼翼地把"心爱"的奶茶空杯子收起来，放到课桌底下，仿佛知道自己错了一样。

我哭笑不得，不能明白他的"动机"到底是什么，引起同学们的关注？

这些事情仿佛一根根小刺扎在手指上让我不舒服，因为这些事情大多是在自习课上完成的，很影响那一组的纪律。

同学们提起王小毛，大多是带着笑意的，"他呀，长得很搞笑，也很会逗人笑。"

肤色黝黑，矮墩墩的身材，眼睛小，嘴唇很厚，若我做他的同学，肯定也觉得他是个"活宝"。

但是每当他在自习课上弄出动静，我不得不用眼睛看他，走到他身边提醒他，或者直接喊他的名字来阻止他继续捣乱。

讲不听，不好学，其他也没什么大毛病，但是作为他的老师，我总是希望他能够学好，所以上课时会时不时喊他回答问题，一来防止他分心，二来提问这种方式会使他专心一会会，能够牵制住他。

而重默他总是会找各种理由赖掉，一开始我选择让他在放学的时候找我来重默，他偶尔来也会说自己的公交车来不及，后来我白天课间去那边守着他，他很配合地拿出本子，但是却需要背很久很久，背到我没有耐心或者上课铃响了，于是默写的任务往后推，直到推不掉，才慢腾腾地默写。

他甚至不当面找我重默而去找同学签名默写，这个效率倒是挺高，我偶尔很忙，允许他这么做，他便欢天喜地地走了。

作业也不认真写，每个问题的答案很简洁，却都是那种答案中最容易达到的一点，有时甚至这一点都达不到，干脆瞎答，所以他的成绩在班级里的中下游，而乐天派的他似乎是无所谓，总是一笑而过，仿佛和他没有任何的关系。

我很苦恼，对于这样"佛系"的学生，应该如何是好呢？

于洁的建议

帮助他找到更好的自己

王小毛的人物形象很鲜明。

有一个问题在我的脑海里浮现出来：

他究竟是自我感觉太好，还是心理年龄偏小不懂事，还是在用这样的方式努力地刷着自己的存在感？

似乎不做这些事情，他会无所事事，会很寂寞。

毕竟他的成绩是无法给到他自信心的。

从这一点来说，他是在刷存在感，希望引起别人的关注。

而他自己也感觉到了，只要他做一些"事情"出来，是可以给相对单调的班级生活增加一点乐趣的，他感觉到了自己在这方面的擅长之处，于是自觉放大，完全不介意自己是别人嘴巴里的"长得很搞笑，也很会逗人笑"的活宝。

如果不这样，谁还会注意到那么平平常常的他呢？

这样的王小毛也许从小不被关注，一直被忽略吧，心理需求得不到满足，所以用各种方式来引人注意，不管对错，只要引来别人的眼神就好。

这样的王小毛也许小时候长得很逗，曾经做过搞笑的事情被大人们喜欢过，就以为只有逗别人笑才会被别人喜欢。

也许王小毛是喜欢你这个老师的，可他又没有很好的成绩来赢得你对他的关注。

在学生的心里，老师总是喜欢那些成绩好的学生吧。

他只能用一次次让你慢慢抓狂的方式赢得你对他的关注，只要关注了，他就有满足感了。

孩子这样的思维方式，也许是成年人无法理解的，但是成年人也有这样的呈现方式哦，比如有些老婆也会用各种"作"来换取丈夫的关注。

王小毛貌似佛系，其实是"作"。

有的老师一眼看穿王小毛们的"作"，对付他们的方式就是"不睬他"，让王小毛们的计谋无法得逞。

但老师心里是厌恶的，王小毛们的行为是牛虻盯着牛屁股，赶走了很快又会来。

不睬他，时间长了，王小毛们的心理会从得不到满足——失落——心里生恨。

"我生活在阴暗的角落里""我完全不讨老师喜欢""竟然把我完全忽略了，我要搞出新的动静来给你们看看"……

所以"不睬他"不是一个好方法，反而容易带来师生之间的暗伤。

有的老师从一开始的只当没看见，到眼角余光一次次看见，到最后终于忍无可忍怒上心头，一通大火"哇哒哇哒"，王小毛终于有点收敛。

但隔不了几天又是老样子了。

那该怎么办呢？

我想首先要解决一个沟通方式问题。

王小毛用让你心烦的方式来吸引你的注意，你若上课时特意停下来责怪他，他反而会误解为自己用这样的方式成功地吸引了你的注意，说不定下次再搞点新花样出来。

因此，你要在课后清晰地告诉他：

"你今天上课时讲小话、做小动作我看到了，我挺难过的，因为这些行为都是不好的，会削弱你在我心中的良好形象。其实，你是一个很好的学生，你在某某方面是很好的，我希望看到你优秀的那一面多多呈现。我是欣赏你的某某方面的，我也希望同学们能够看到你优秀的那一面，那样的你才是真正的你，才会赢得同学们发自内心的尊重。"

我想这样和王小毛沟通后，师生之间就不再是"你不懂我，我不懂你"的岔道。

"我看到了——可我不喜欢——我喜欢看你别的"，是我会和王小毛沟通的三部曲。

当然，如果王小毛还是持续地表现出各种"搞事情"，那就建议家长查一下血液里的铅含量，查一下是否有多动症。

我是从一个细节上看出王小毛的行为不是因为心理年龄偏小不懂事。

"当我走过他身边时，他会收起笑容抿着嘴，小心翼翼地把'心爱'的奶茶空杯子收起来，放到课桌底下，仿佛知道自己错了一样。"

他的情商是很高的。

能察言观色，知道"搞事情"有个度，让你关注到他，但又不至于太刺激你惹毛你。

这样的学生，更适合与他聊聊某些名人。

牛顿小的时候成绩不好但很爱动脑子，做的风车很好，长大之后见到苹果落地，偏要问个究竟，最终创立了"万有引力"说。

霍金上学后在班级里的成绩不是很好，12岁时，班上有两个男孩子用一袋糖果打赌，说他永远不能成材。

马云高考失败，做起踩三轮车的工作。直到有一天在火车站捡到一本路遥的《人生》，激励他一定要考上大学。

老师如果与王小毛说说这些名人，是给出很强烈的信息的：

虽然你现在成绩不好，但是老师对你很有信心，你只要明确学习目标，是可以超越原来的自己的，老师对你有信心。

王小毛喜欢搞笑，那就和他讲讲岳云鹏吧。

出生于农村，给人家看过门，学过电焊，刷过碗，当过服务员，住过地下室。

因为爱好曲艺，有执着的梦想，郭德纲去吃饭时看上了他。

岳云鹏很努力，为了练习普通话，在大冬天站在室外大声朗读报纸，终于成为德云社的台柱子。

亲爱的儿子，我还想告诉你，那些一直逗别人开心的人，自己内心是不开心的，很容易得抑郁症。

一旦脱离了别人的视线，会非常落寞。

他会迷茫于不知道自己是谁，会觉得空虚，于是只好一次次"搞事情"逗乐别人。

我们老师要帮助王小毛们学会关注自己，而不是依靠别人的注意来刷自己的存在感。

没有耕耘过自己的土地，这片土地永远是荒芜的。

只有找到了自己，这个世界才是你的。

帮助每一个学生找到最精彩的自己，老师要付出一生的努力。

身上长着很多"刺"的学生

○ 教师要学会用专业的教育知识去了解问题，解决问题。

新手案例

他像只刺猬

小鱼是一个很有独立见解的人，他对任何事情都持非认同的态度。

说白了，就是他"不听老师话"，身上长着很多"刺"。

我也知道教育不是培养"乖孩子"，可是小鱼的"不听话"不是真的有个性，而是有错不认，动不动就摆脸色给我看。

中午自习，班规是保持安静，自行完成中午作业，不允许随便讲小话，但总有人会窃窃私语，而且声音还不小。为了不影响其他同学的学习，我会用眼神去制止，效果也不错，但老师中午自习离开教室一会儿，回来时在门口就听到班里嗡嗡的声音。如果此时不杀鸡儆猴，那么班规就成了摆设。

我略微扫了一眼，小鱼此刻很开心地在和隔了一排的同学讲话，笑容满面，一看就不是有关于学习，于是喊上他们两个带着作业去空教室学习，另一个同学去之前和我说："老师我错了，能不能给我一个机会？"小鱼嘀咕了一句："你想多了。"

午自习下课，他们俩回来了，我喊住他们问："你们知道自己错在哪了么？"另一个同学赶忙点头，而小鱼则是眼睛也不眨地看着我，全无悔意。

"意思是你没有错?"小鱼见我有点生气,才摇摇头。

有一次小鱼和班长闹了矛盾,只是一个很小的矛盾,但是小鱼为了能够赢得胜利,将一个"惊天"的秘密抖了出来:他之前看到班长课桌里有一个纸条,上面是有关班长小刚通过班级竞选之后,怕自己的地位和威信受别人撼动,所以列出了几个班里他认为对他有威胁的同学名字和应对的方法。这个秘密一出来,大家都惊呆了,当时就有好几个同学为小鱼打抱不平,因为他们都出现了名单上,于是他们来找我打小报告,讲那个小矛盾里,小刚如何难为小鱼,最后又告诉我那个秘密。

我将小鱼找来,他对我认为双方都有错误的看法表示很不满意,依旧是用眼睛直勾勾地盯着我看。班长小刚的做法是有些不妥,但就矛盾升级而言,小鱼绝对是有很大责任的,为了获取"胜利"不惜采用这样的方式。我心里对小鱼生出了一种难言的感觉。

重默时,小鱼的不开心表情明显表现在脸上,他常常没有准备好就上来想要草草结束,要么订正不完全,要么重默过后批改,依旧有一堆错误。他常常会叹口气,仿佛在为自己要"浪费"更多的时间而不耐烦,这样的情绪传染让我也十分不满。

小鱼的考试成绩就在这一声声叹息中保持着中等偏下的水平,他在乎自己的成绩高低,但若是成绩不理想,他会直接在脸上表现出来,一副生人勿近的样子。所以和同学玩闹,一旦稍微不如他意了,他就会表现出很激动的样子,同学渐渐也就不和他玩闹了。

这样的学生,说不上有什么原则性的大问题,但他就像一只刺猬,一身是刺,还总摆着一张臭脸,搞得我这个老师还要每天看他的脸色,真是不爽。

我只能采取忍忍忍的态度,也许日久见人心,他能看出来我是真心为他好吧,也只能相信有一天他会有所改变吧。还能怎样呢,老教师?

于洁的建议

男孩也有公主病

情商低的人会有哪些显著的表现呢？

喜怒形于色；任性；无视别人的感受；总感觉全世界欠了他；感觉全世界就他是对的；感觉他是世界中心；把气撒到不相干的人身上；不会将心比心，总是摆着一张臭脸；怎么对他好他都没有感觉的，就是觉得他是该得的，是你欠着他的；完全没有感恩心的……

如果这个情商低的是个成年人，你要是到网上去求助，问遇到这样的人该怎么办，哈，三个答案：

1. 离他远远的。遇到这种人一点办法也没有的，和这种人生气那是侮辱你自己的情绪管理能力！你只能想想办法让自己活得美美的，离这种人远远的。

2. 无视他！当他是空气，当他不存在，一起孤立他，直到他认识到自己的错误主动来道歉！

3. 对他吼回去！这种人一身公主病，从小到大都那样，完全认识不到自己的错误，很伤人的。一定要给他一个教训，不要把全世界的人都当成他自己爹妈！当他摆着臭脸对你的时候，你就这样对他吼："你是给我看脸色吗？你凭什么把气撒我身上！有本事把你自己变得厉害起来，别除了会发臭脾气其他本事啥都没有！"

大家看了一定都会笑吧，可是做班主任的笑过以后会说："我做不到哇，他是我的学生，我不能远离他、无视他、吼他……"

是的，我们是班主任，对待这样一身公主病、小刺猬、低情商男孩子，我们还要想点别的办法。

1. 追根索源

小鱼的低情商是否和家庭氛围有关？

要知道有些低情商是遗传的哦。比如有个男生在班级里真的是情商很低，说话很伤人还完全不自知，老师们都叹气。有一天考试成绩出来后，男生的母亲给一个任课老师打电话说："老师，我们家儿子怎么只考了67分？"任课老师向我们这些同事描述的时候还是无法控制自己的气愤情绪："搞什么？这么说话搞得好像是我把她儿子教坏了一样！"

你看，其实这个母亲就是想向任课老师了解自己孩子怎么会考砸了，是试卷难还是儿子学得不认真，结果用这种低情商的方式一说，反而让老师很不开心了。但这就是这个母亲习以为常的表达方式。家访后发现在这个家庭里说话就是这样的，胡同里扛竹竿，直来直去。这一家人都不知道这种"直"话有多伤人，甚至他们教育孩子的方式就是靠吼的。

小鱼的低情商是否和家长溺爱有关？

有个学生不仅听不得别人说他一点点不好，还会自顾自地做一些事情：上课时慢慢地打开包装盒、扭开瓶盖子、滴眼药水、闭目休息，再慢慢旋好瓶盖子、放入包装盒，再听课；下课时看到地上其他同学被风吹落在地的试卷从不帮着捡起来，要么绕开走过，要么一脚跨过，甚至还有一脚踩上去的。家访后就发现他在家里就是集三千宠爱于一身的"杨贵妃"。

小鱼的低情商是否和自卑又自负有关？

学习上成绩中等偏下，而性格上又比较要强要面子，容易产生自卑又自负的矛盾性格。我们会发现有些人做事情不顺利的时候会很恼恨，有的人是冲自己发脾气，拍自己脑袋，打自己耳光，虐待自己；有的人是冲别人发脾气，拍桌子，砸杯子，一脚踢开走过的一只猫，或者对着一个正好来和他说话的人发脾气……

不管是哪一种原因，班主任都要告诉自己：他不是针对我的。他就是这样的德性。

2. 慢慢调教

家庭氛围、家长习惯，积年累月，要想改变基本不大可能。我们就把重心放在慢慢调教学生身上。

首先：不要给小鱼在全班同学面前向老师甩脸色的机会，让他失去观众。

比如，你本来的习惯可能是在全班同学面前报出重默的人的名单，然后让他们到讲台上来当着你的面重默。这也是很多老师的做法，还有老师把学生姓名写在黑板上公之于众的。这么多年来，很多学生已经习以为常，老师也不觉得这是损伤学生的自尊心，学生也不会和老师多计较。而我的观察发现，学生重默后都是第一时间擦去黑板上的名字的。我也注意到当老师当众报出重默者的名单时，班级里是会有一些同学幸灾乐祸的，尤其是当重默名单里有某个成绩还挺不错的学生时。

习以为常不等于心里没有不舒服。只是其他学生没有在脸上显露出不开心，而小鱼明明白白显露出来了。他急急忙忙就想来完成重默，结束他的不体面。他叹着气不耐烦的样子，他潦潦草草的样子，让你心里不舒服了。因为你觉得小鱼在全班同学面前表现出这样的状态是针对你的，是对你的一种不尊重，一种对你的撒气行为。其实真不是。

喜怒形于色的人其实是不厉害的。厉害的都是喜怒不形于色的人。比起那些当面一套背后一套的学生，小鱼算是小傻瓜一个了，他一点也不懂得圆滑，不懂人情世故。

这么一想，你心里是不是舒服很多了？

他要的自尊要的面子，我们给得起。

默写不过关，悄悄喊到身边来，让他在你身边准备一下，然后开始重默。就是不要在班级里给他甩脸子的机会。没有了观众，就算他单独在你面前使小性子，你也不会在全班同学面前下不了台。

我有时候会把学生依次喊上台让他们在黑板上默写词语，然后当众批改点评。遇到小鱼这样的爱使小性子的学生，第一次我会选择性失忆，会漏掉他，免得他上台要是默不出来又要叹气甩脸子愤愤的样子搞得好像是我害了他一样的。

但是课后我会找他单独谈，明确地告诉他我是故意漏掉他的，因为我害怕。

"你动不动就爱冲别人撒气，不分场合不分对象，明明是自己的问题却要把气撒到别人身上。我不想成为你的撒气桶。我担心你上黑板默不出来很没面子会冲我撒气，所以我不喊你上台默写。可是我心里是希望你上台默一下的，这样印象深刻，我也能及时指出你的错误。现在我们来商量一下，怎么办比较好。"这样和他推心置腹的诚恳交谈，是给他面子。

"那你要保证万一你默不出来不许使小性子，而是认真地谦虚地听我给你指出问题。"这样的谈判内容是真诚地引导他慢慢改变自己的"伤害性耿直"。

其次：他发脾气时"勿视"他，他表现好时"正面"赞扬。

昨天上班高峰时在十字路口我亲眼看见了一场"好戏"。

两个交警在维持秩序，红灯亮了，汽车、电瓶车、自行车、路人都停在线内安静等待，有个女人骑了电瓶车等了几秒钟就不耐烦起来，趁着左右没有车，开了电瓶车就要闯红灯。没开几步远，就被两个交警眼疾手快拦了下来，把她的电瓶车推到一旁，拔了她的车钥匙收了起来。

女人站在那里愣了一会儿，忽然蹲下身慢慢倒地，在地上滚来滚去。企图用这样的方式要回车钥匙和电瓶车。

所有的人都保持了沉默，面无表情冷冷地看着女人的"表演"。两个交警也不说话。

女人实在表演不下去了，慢慢爬起来尴尬地站在那里。

交警上前对她说："冷静一点了吗？冷静了就靠边，别挡着其他人的路，和我们好好说话，一起来解决问题。行不？"

女人点头，靠边。交警说："这才是解决问题的正确态度，打地滚，谁来睬你？"

绿灯亮了，其他人有序向前。

交警教育着女人，女人点头，认错，交警把车钥匙还给女人，女人离开。

这真的是一次最好的正面管教。

当你任性时，我不予理睬，其他人也不予理睬，让你一拳砸在棉花里，自觉无趣；当你愿意用正常的途径好好解决问题时，我就表扬你的通情达理。

多次训练后，那些本能一样的任性、甩脸子、冲别人撒气之类的行为会得到收敛。

小鱼这样的有公主病的男生很难有要好的朋友，现在的孩子在家里都是被宠着的，包容性不强，谁会来一次次受小鱼的气呀？

作为老师，也要在适当场合，和小鱼聊聊这个问题，否则他很容易在班级里成为被孤立的一个。

也有老师指出，小鱼这样的学生还会欺软怕硬，遇到凶过他的强过他的同学或者老师，他就不敢耍小性子，甚至还会讨好。这也是有可能的，毕竟现在学生中的"斯德哥尔摩效应"现象还是很普遍的（看到凶的老师上课就很乖，不凶的老师来上课就各种走神、讲话、小动作、不尊重）。因此老师还要好好修炼自己强大的气场，提升教学能力、管理能力，建立威信，让学生对自己心服口服。

在现代社会，情商高于智商。教师要有培养学生情商的意识。在班级管理的细节上找到提高学生情商的切入口。

我的做法是经常说下面这些话：

"A同学真好，我看到他每次发本子都是递到同学手里的，从来不是扔过去飞过去的，他有很好的家教。"

"B同学真好，他看到同学掉在地上的橡皮都是弯腰捡起来悄悄放回同学桌子上，他对同学真好。"

"C同学真好，上黑板默错了，很难为情，但不会对着黑板和老师撒气，而是认真看老师是怎么写的，这样下次他就不会默错了，这就叫作知耻而后勇。"

"D同学真好，看到我搬的东西很重，就跑过来说老师我来帮你，真好，是我的亲人。"

"E同学真好，去图书馆搬我们班级的书，就顺便也把王老师班级的搬来，知道王老师教我们班级辛苦，用这种方式表达对老师的感谢，这才是热情真诚的少年人。"

……

亲爱的儿子，做了老师，就和普通人不一样了。普通人遇到小鱼这样的男孩子，也许就是远离他、无视他、吼他，可我们不能这样。但我们也不能就是忍忍忍，心里耿耿的不爽。我们要用专业的教育知识去了解问题，解决问题。

也许要经过很长的一段时间小鱼才会有所改变，但是锲而不舍，金石为开。就算最后效果不大，但是我们自己研究探索实践的这一段过程，就是我们最好的收获。

用这样的心态，面对我们的教育生活，你就是个高情商的人哦。

期末复习如何引导学生去除浮躁

○ 良好的行为习惯是通过榜样的引领来潜移默化到学生心里的。

新手案例

期末复习学生很浮躁

期末复习，应该是紧张的氛围、学生凝神的思考。对吧？

我天真了。不是这样的。

上课之前，我总是提前 5 分钟，把待会儿上课时应该准备的东西写在黑板上，然后等候在教室外面。我会发现学生的玩闹和平常差不到哪里去，似乎男生还很流行"拍手"的游戏，甚至带了一两个女生一起，直到上课也意犹未尽。

预备铃打响，班里的人基本回到座位上，桌上或多或少有些关于课堂的东西，但当我准备默写时，仍有三四个学生在课桌里翻找本子。

如果等候手脚慢的同学，其他同学会心生不耐而使课堂纪律紊乱，于是我只管开始报第一个词语，以此催促他们赶紧找到本子开始默写。待到下课，找那几个同学，叮嘱他们下节语文课提前准备好。

讲解试卷时，总是有一两位同学找不到试卷，需要和别人合看，他们则会拿出语文笔记本，在上面记写，但实际上一堂课下来，他们往往不知道自己写的什么，听了什么，更别说课后去将原试卷找出来并且做好订正。

其次，是我觉得一个很矛盾的问题，我既希望他们课堂反响热烈，又不希望他们太过热情，有几个"脑子活络"的小男生，因为手里持有语文参考资料（现在的学生书店里，真是什么参考资料都有），会大声地、"如梦惊醒"地说出自己的答案，然后得意扬扬地向周围同学炫耀，有时甚至为周围同学"普及知识"，真是让人无语。

我选择盯着他沉默一两秒，小男生会小声地"噢"，然后等待我讲下去，虽然有效果，但是久而久之会觉得"他很烦"。虽然想要的就是这种"反响热烈"的课堂效果，想要带动全班认真听讲记笔记的氛围，但内心更希望他们是自己真正思考后有所得。

在课即将结束的时候，我会在教室里兜上一圈，发现仍有一部分人记不全笔记，这让我感觉这堂课对这些人来说丝毫没有效果。"好记性不如烂笔头"，强调了很多遍了，记上了，期末复习的时候就能拿来用啊。

我只好花费时间单独让笔记不全的同学，问其他人抄写完整，交到办公室给我检查，耗时耗力，但不可不做，也是无奈。

于洁的建议

步步为营去浮躁

就算是工作了快 20 年的老教师，我也经常听到他们抱怨学生上课了找不到默写本、找不到要听老师讲解的试卷。

"我上课都快上了一半了，他还在翻书包，火得要死，下课就知道玩。"

"每次都找不到默写本，每次都是随便撕一张纸默写。"

"找不到试卷，跟别人合看，也不知道拿个本子记记，光听有什么用。一下课又出去玩了。"

瞧，这些都是老教师的抱怨哦。所以这个找不到本子和试卷的问题，还真的不仅仅是年轻教师遇到的棘手的问题。

我的语文课堂上几乎没有出现这样的问题，为什么呢？

因为我知道学生们有可能会出现这样的问题。所以，未雨绸缪。

比如默写本的处理。今天默写了，批改完，全对的本子留在我身边，有个别错误的喊到身边当场订正后本子留在我身边，需要重默的，先口头通知他们早点做准备，然后让他们放学后留下来复习一会儿再重默，然后本子留在我身边。第二天默写，全班本子再发下去。

这样做，表达两层意思：一是不占用他们的课间休息时间，毕竟学生需要劳逸结合；二是学生明白只要重默放学后是要留下来的，所以还不如早点复习一下这样放学后可以很快过关，不至于留到很晚。

而最直白的意思就是默写本是由我来保管的，这样不至于出现第二天默写有人找不到默写本。课代表中有一个人的职责就是语文课上课前来拿默写本发下去。

我这样做，自己方便，学生也方便。包括语文作业，也是学生一上学就自己交在我的办公桌上，我都是第一时间批改，改完后自己在花名册上登记，看到谁没有交，就自己去讨，发现没有做就喊来坐在我的办公桌边补作业。我给出的信息就是一个也不能少。时间长了，学生知道语文作业是赖不掉的。语文作业的量不多，也尽量少布置笔头作业，所以学生知道只要我布置笔头作业了，那就是我认为很重要的作业了。

我这样做，是向学生给出了一个非常明确的信息：我是一个很认真的老师。我不会敷衍了事，我不是一个马大哈，我不是一个能被随便糊弄的老师。

学生都是"人精"，看得出风云起色，老师的性格脾气如何，直接决定了学生对待老师的态度。有的老师呜哩哇啦嗓门很大，可是学生看见了并不怕；有的老师不大说话，也不高声呵斥，但是学生害怕这个老师的原则性强、说一不二。

举个例子：同样是要喊家长到学校来处理问题。有的老师是雷声很大，在学生面前类似于威胁："我要把你家长喊到学校里来，你无法无天了，我要让你家长好好管管你！"先这样轰炸半天，搞得师生矛盾越加激化，才打电话喊家长来。有的老师雷都没打，直接闪电式喊来了家长，等学生进办公室，就看到家长已经在办公室里了。

试卷的处理和默写本的处理是一样的。比如这次中考，内容涉及初中三年六册语文书，学生们三年来的古诗文的复习资料都是装订好了由我保管的，复习到哪一册就下发哪一册的资料，复习完了就回收上来。到总复习的最后几天，需要学生自己看资料复习了，就全部发下去，同时下发的还有一个塑料文件袋，贴着写有学生姓名的标签纸。可以挂在学生课桌的一侧挂钩上。

我这样的做法，是给学生做了一个示范。良好的行为习惯是通过榜样的引领来潜移默化到学生心里的。

因此，还需要在班级里寻找学生中的榜样力量，老师可以观察到某个学生课桌里摆放整齐，预备铃响了以后能做好充分的准备工作的，就要狠狠表扬。

"一个课桌归理整齐的人，一定是一个能够自律的人，自律的人是最有成功可能性的人，某某某，我强烈地看好你！"

"每次某某某都是做好了上课准备的，机会面前人人平等，但是成功只垂青于做好了准备的人。成功有另一个名字，叫作时刻准备着。某某某，我想成功一定会第一时间降临到你的头上。"

把生活中的某一个细节，上升到哲学层面，让表扬变得"高大上、广深尖"起来，学生会印象深刻。同时，学生们会有一个意识：老师很看重我们的行为习惯，一直在观察着。

学生手里有参考资料，上课时自己不动脑筋，投机取巧，报出标准答案。这是你头痛的第二个问题。解决的方法同样如此。

没有参考资料的同学，如果回答问题时用自己的话说得很好，就要狠狠表扬："某某同学，我欣赏你，你有自己的思考，还有流利的表达，你的发言是有效发言。少年人最让我们成年人羡慕的就是思维还没有形成固化定势，思考力想象力很强，要珍惜。"

有参考资料的同学，可以找他们来聊一聊，约定好规矩：把手里的参考资料用于预习，但是课堂上不允许拿出来读答案。通过预习，在课堂上回答问题时，能够用自己的话表达出来，而不是对着答案读，老师会很欣赏你。

有参考资料的同学，过上半个月问他们要来检查一下，看看参考资料上是否有预习的痕迹，是否有圈点勾画，如果有就要表扬。把参考资料真正化为自己所用，而不仅仅只是在课堂上用来应付老师的提问，这是一个很好的学习习惯。

这样的做法同样也是给出一个强烈的信息：老师欣赏什么样的课堂行为。

对于你这次的工作疑问，我特别欣慰。你是一个刚工作第一年的新教师，能够思考"课堂到底是热闹好还是宁静好"，我很高兴。

很多人追求公开课的举手如林、对答如流、热热闹闹；也有很多人追求课堂的深度思考、沉默是金。其实都没有错。

假如这堂课没有任何作假，而是学生在教师的引导下步步深入、恍然大悟，从而举手如林、对答如流，那就是好。

假如这堂课老师引导学生深层次思考，能真正得出有价值的思考，那么这堂课就算比较沉闷，貌不惊人，也是好的。

在课堂教学中，什么是个好，一直是新教师和老教师们在研究探索的问题，很高兴你已经有所开始。

亲爱的儿子，我想告诉你：

每一个班级里总有一些跟不上节拍的学生，比如找不到试卷啦，上课了还找不到课本啦；

每一个班级里总有上课像条虫下课像条龙的学生；

每一个班级里总有让老师操碎了心却起色不大的学生；

每一个班级里总有就算老师不大管也自己很要上进的学生……

大自然中，有绯红如轻云的美丽樱花，有四季苍翠的青松翠柏，有貌似麦穗的稗草，有默默无闻的野草……千姿百态，构成了纷繁的世界。

樱花美丽却转眼零落成泥，青松翠柏有时也让人感觉单调，稗草和野草也有自己拼尽全力的一生。

每个人都是不一样的，来到世间各有各的使命。你是一个老师，竭尽全力完成你的使命就好。

愿你竭尽全力，直到你无能为力。

学生自己订制的暑假作业可行吗

○"务实"是一个班主任必须具备的工作作风。

学生自己订制的暑假作业可行吗

刚从学生转型为教师的我要放暑假了，从前做学生，现在做老师，对于暑假的感觉还真是有所不同。

放假前的几节课，学生们比较兴奋，有几次的课堂气氛太过于活跃，以至于隔壁办公室老师跑过来看看，是不是没人在上课。

我能理解他们兴奋的心情，毕竟要放假了，一些和朋友们的旅游计划可以实现了，又或者是可以一觉睡到自然醒了，都是令人心驰神往的事情。所以会忙不迭地希望老师将假期作业提前布置下来，以便于假期用少量的时间完成作业，大部分的时间归于自己支配。

而假期之后，往往伴随着考试，若是假期作业多了，有点心疼学生，假期作业少了，就怕学生玩疯了，考试考啥忘啥。

所以这一次暑假前，我绞尽脑汁，希望能让学生学习好又休息好。我想了一个办法，让学生先自我分析试卷，然后给我一个小小的保证，根据期末考试的错误情况，自己制订出相应的"补差作业"。

学生写在了小纸条上，我用手机打字，记录下了学生的"试卷分析"，以下是部分内容摘录：

刘：名著方面多读书，在基础方面，默写词语多加强，小阅读大阅读，多做题目，暑假结束，将阅读题目交给老师检查完成情况。

严：多做阅读理解，把阅读分数提高上去，暑假多练字，多做阅读题目。

杨：词语错得离谱，将语文书最后几页表格里词语都默一遍。少玩游戏多看书，名著练习分数扣得很多，要多看书，多做练习题。多读多做古文练习。暑假结束后，交给老师看完成情况。

黄：暑假里多复习，各种题目类型都要复习，特别是词语，作文只考了28分，下一次争取写到40分。古文，小阅读，大阅读，做完再思考。

章：期末试卷上没有一个题项是做得满意的，暑假里网校作业好好做，名著看完。名著练习，作文集，多看看古文，多积累一些古文的词解。

吕：阅读多做几篇，多看文言文，古文练习加强一下。

……

洋洋洒洒两个班将近三千字，两节课下来手都有点酸。打完字开始思考，我准备拿这些小小保证书做什么用呢？

我想一一发给家长，让家长帮助我来督促他们。这样既给学生留下充足的休息时间，又可以冷不丁地让他们想起自己的任务还没有完成。

当然我也是很忐忑的，这样的学生自己私人订制的暑假作业，好吗？学生的完成情况会如何呢？

此时信息还没有发出，学生们应该都在做统一布置的网课作业。我准备等到暑假第15天的时候，给对应的家长手机上发一条短信，说明情况，让家长也有所监督，就是不知道效果如何？请老教师帮着分析分析吧。

于洁的建议

把想做的事情落到实处

我把两个学生的私人订制作业贴出来对比一下：

> 杨：词语错得离谱，将语文书最后几页表格里词语都默一遍。少玩游戏多看书，名著练习分数扣得很多，要多看书，多做练习题。多读多做古文练习。暑假结束后，交给老师看完成情况。

> 吕：阅读多做几篇，暑假后给老师看。多看文言文，古文练习加强一下。

这两个学生谁的作业量多呢？很难判断。

杨同学的私人订制作业，前半句话是实打实的，将语文书最后几页表格里词语都默一遍，那么在作业本上应该有五六页左右。基本上两三天时间可以全部完成。而后半句话，关于名著阅读和古文练习的话比较虚空，"多看书""多做练习题"，"多"这个字很难判定，到底看多少做多少算"多"呢？每个人的说法是不一样的。

但是杨同学最后的那句话又是实打实的，"暑假结束后，交给老师看完成情况"，看得出，当他写下这句话的时候，是真心想要在暑假里好好查漏补缺一下的。

而吕同学的"阅读多做几篇"和"多看文言文，古文练习加强一下"，都显得很虚空。

有的人两三篇就算是"多"，有的人十二三篇才算"多"。有的人写得实做得虚，有的人写得虚却做得实。暑假结束后，说不定吕同学交上来的作业会多于杨同学呢。

所以，如何让作业落到实处，是需要认真思索的问题。

你想到的是让家长督促，这又是一个可能比较虚空的做法。每个家庭不一样，有的家庭一点都不打折扣甚至"变本加厉"地督促孩子完成作业，有的家庭可能管都不管。

而我想得更多的是：不能让老实人吃亏。

你让学生给自己订制作业，老实孩子根据试卷情况，真是狠命勒死自己，你看"刘""黄""章"三个学生，若真是老实人，真是照章办事，那整个暑假基本就在做语文作业了，那真是过了一个假暑假。

学生们写的时候，也是出于真心的，面对自己很不满意的期末考试卷，学生是真心想要利用暑假来查漏补缺的；教师布置学生们订制自己的暑假作业，也是一腔热情的，觉得很有创意，既尊重了学生又因材施教。但我要提醒的是，如果说的没有落到实处，说说而已，没有切实有效地做出来，那就是空对空，是没有你想要的结果的。

因此，我想是否可以采用另外一种做法：

教师把学生一个个喊到身边，师生一起分析一下试卷，找出错误率最高的某个题目类型，然后和学生一起制订暑假作业：完成这个题目类型的课外补充作业多少题目，教师做好记录，开学后教师一一检查。

这是实打实的作业，作业内容是师生一起商量的，作业量是有控制的，作业也是有检查的。教师不敷衍，学生不敷衍。

表面上看，这是一个关于如何布置语文暑假作业的问题，但是延伸开来，这可以成为一个班主任的工作作风的问题。

"务实"是一个班主任必须具备的工作作风。

"我准备在这个学期到每个同学家里走走看看哦"，一开学班主任满腔热情地宣布。结果是工作一忙，事情一多，这句话就成了空话。

"这次考试进步的同学我要好好奖励一下！"考试前班主任这样激励学

生们。结果是进步的同学们每人得了一支笔一个本子。学生们撇撇嘴窃窃私语。

"自习课上违反纪律的同学，我会狠狠收拾你们！"班会课上班主任咬牙切齿说了规矩。结果是那些违纪的学生只是被叫到办公室里训斥了几句。走出办公室的时候这些学生松了口气：这就叫作狠狠收拾？哈哈。

……

班主任的空话多了，威信就渐渐消失。有一些差班乱班形成的原因，和班主任工作不务实有很大关系。

再延伸一些，那就是班主任如何把想的、说的变成做的。

每次听完培训讲座，接触了一些优秀班主任的工作经验后，很多班主任心里想："从明天开始，我也要随时记录下我的班级故事，我也要慢慢积累起来出一本书。"

结果是明日复明日，不了了之；或者是三分钟热度，最后半途而废。

每次看到其他班主任的一些工作创意，觉得特别好，很多班主任心里想："我也要拿到自己班级去试试。"

结果是班情不同、学情不同，在试的过程中遇到一些问题，于是怀疑起来、动摇起来，最后又是不了了之，心里想着："那个老师是骗人的吧，你看，根本行不通嘛。"

这些年，我看到很多年轻教师好学上进，吸收能力很强，想法很多，也愿意做各种尝试；我也听到很多年轻教师在做的时候事与愿违发出叹息沮丧的声音。

我想对年轻老师们说：

想的、说的、做的，是三回事。

把想的说的去做起来，是务实作风第一步；

在做的过程中不断修正完善，是务实作风第二步；

把做的成功与失败记录下来，是务实作风第三步；

　　边想边做、少说多做、做做写写、反思总结、修正完善，有务实工作作风的人，就是把问题变成课题研究着的人，就是把生源变成了自己的资源的人，就是真正的有创新精神的人。

新教师如何才能服众

○ 凡要学生做到者，教师本人首先要做到。

新手案例

凶神恶煞的领读员

已经忘记为什么选择小诺作为领读员，只是觉得这个决定做得真好。

还记得刚踏上工作岗位的第一天，需要选定课代表、语文早读领读员、小组组长等一些关键"班级中枢"。老教师关照我要选择成绩好、看上去凶一点的、有爆发力的人，可是我观察能力有限，大脑一片空白。还好开学前一天做了很多"功课"，硬着头皮报出一些有印象的姓名，小诺就这样成为班级语文早读的领读员。

担任这个职务，恐怕是最能体会老师站在讲台上施发号令的感觉了，有时感觉很不错，有时会力不从心。

我把小诺喊到走廊，叮嘱她一些领读员的责任和需要注意的地方："领读需要的音量大大超过你平时的说话声音，你需要在一段时间内学会用中气说话；一定要管好纪律，我会在你领读的时候巡视，帮助你管好纪律；有些时候人心不齐，需要你挺身而出带领大家重回正轨……"

我深知小诺会很累，早上要比别的同学先到班级，要比别的同学更早进入早读的状态，要费嗓子，要管好其他同学，我很担心小诺扛不住。

第一天的早读，在我和小诺的共同努力下，很顺利地进行。接下来几天，我逐渐放开了手。小诺从一开始的抖抖索索，到嗓音提高，能够义正辞严把全班同学的注意力集中且没有反驳的声音，我满心欢喜。

她的作业，字迹工整美观，正确率很高，还有自己的思想和理解，每次语文考试分数都名列前茅，我想：她真是一个完美的学生。

完美持续了小半个学期。

有一次，语文课代表的家长在QQ上询问我是否能够把语文作业的答案给课代表，家长会在一旁监督，理由是作业的答案不太会，课代表又求知若渴，小学也是这样学过来的。

我担心答案外传会带来很多麻烦，于是试图说服家长不要这样做，但家长执意，我只好妥协。

这样一段时间，倒也相安无事。但是有一天，课代表将答案带到了学校，被其他同学看见了，一些同学心里有了小九九。课代表能抄答案，那么他们在书店里或者网络上也能轻易抄到答案，这比自己动脑筋做答案省力多了。

以后的作业，或多或少的都会有与答案雷同的出现。我心里后悔，脸上却只能强撑着，思考着如何弥补这个失误。

当完美的小诺和一些成绩较好的学生也出现了这样的情况时，我憋不住了，和家长沟通，和学生谈心，当众强调作业质量，强调独立思考的重要性，用了很多很多的时间。终于，标准答案一般的回家作业答案渐渐从学生的作业中消失殆尽，我才松了一口气。

通过这件事，我明白：不要在任何时候掉以轻心，不要去想当然地认为他们能够自律地做好每一件事情。完美如小诺，也会出现不自律的时候。而小诺也在这件事情中看到了因为她的不自律给我造成的被动局面，看到了我对她参与其中的痛心，她说："我以后不会再抄答案了。"

小诺的成绩总是保持在百分以上，她是第一个拿到班级最高分的同学，是第一个主动问问题的学生，也是她所在的学习小组的领军人物。

经历了标准答案事件后，小诺的原则性更强了，领读员的威信早已深深印入班级同学的心里，她管理班级八分之一人数的学习小组组员更是游刃有余。

初一比较调皮的是男孩，经常管不住嘴就呱呱呱地讲，不分场合，不分时间。中午自习更是如此，小诺瞥到一眼就会呵斥男生，男生立马低头；组内重默的人迟迟不肯重默，老师宣读重默扣分的名单，小诺总是第一个跳起来催促组员，总是不让自己小组的分数落后于其他组。

久而久之，小诺由同学们心中凶巴巴的形象变成了律己助人的组长，尽管"凶神恶煞"，但同学们都知道她是在为他们好，口服，也心服。

于洁的建议

严于律己者方能服人

看完这个教育叙事，心里有点感慨。

感慨之一：

能够选到一个有原则、有能力、能服众的领读员，是件不容易的事情，需要缘分，需要培训，需要师生磨合。你有了小诺，真是一件值得高兴的事情。

我们接触到的大量的班干部，要么只顾自己学习不大愿意管理班级学生，有时候是能力问题，有时候是老好人；要么是趾高气扬，管理方法粗暴，在班级里不得民心；要么是无法自律，在学生中威信不高，难以服众。

我看到了你对小诺的培养，先教后带再放，这是一个正确的过程。也看到你抓住一些关键事来引领小诺走出错误更加严格要求自己，比如"标准答案"事件。

感慨之二：

课代表的家长，问你要每天作业的答案，这对你这个新教师而言，确实是一件很为难的事情。家长说孩子小学里就用这个做法的，也许家长觉得这个方法适合他们孩子；也许是出于对你这个新教师的没把握，家长想自己再教教孩子；也许家长觉得这是他们所认为的家长负责任的陪伴孩子完成作业的做法……但无论有多少理由，这种方法都是错误的：削弱了孩子独立思考的能力。

更何况，孩子终究是孩子，不小心也好，得意也好，显摆也好，虚荣也好，总之把答案带到学校里让其他同学看到了，自律如小诺者也被诱惑到了。这对新教师的你真的是被动到不能再被动了。

教师甚至教育，被"好心""绑架"的事太多了，有时真的身不由己，比如给课代表回家作业答案这件事情，家长执意，作为新教师的你如果执意不给，很可能就造成家校矛盾，真的为难你了。看到标准答案满天飞的那一段，我真是替你捏了一把汗的。好在你后来千方百计解决了，也收获了一个原则性更强的领读员小诺。

感慨之三：

关于"完美的学生"。

教师很容易被学生的好成绩而一叶障目，尤其是一个学生成绩特别好，那么 TA 其他方面的问题都可以忽略不计；但倒过来，如果一个学生其他方面都很好，但是成绩不是很冒尖，教师就会觉得很遗憾。

我们在教育中要特别注意自己不要陷入"一白遮百丑"的泥淖。

感慨之四：

关于"自律"，我想由小诺说到教师本人。

我们清楚地看到，小诺的严于律己、坚持原则，所以学生们由一开始的觉得她"凶神恶煞"，到后来威信大增，都对她心服口服。

那么，作为一个新教师，如何也被学生心服口服呢？我想，小诺的故事给了我们一个很好的答案。

新教师本人一定要严格要求自己一句话：凡要学生做到者，教师本人首先要做到。

让学生们看到你兢兢业业的工作态度：

清晨站在教室里巡视学生的早读，而不是想着反正有课代表领读的，自己时不时地回到办公室喝茶休息；

办公室里认真研究教材、认真抄写教案、与同事研究教法，而不是刷手机、看电脑上的娱乐节目，甚至玩游戏；

课堂上认真风趣地讲课，关注到每一个学生；课后认真地批改作业，那些正确率不高、态度较差的，私下喊来手把手教审题再引导思考再重做；

课后与学生聊天谈话，做思想工作；与家长沟通交流，倾听他们的意见和建议；

留心观察老班主任们的做法，扬长避短，探索出适合自己的教育方式方法；

案头常放一本书，让学生们看到你利用碎片时间阅读的身影；常写教育叙事，与学生写同题下水作文，让学生们明白老师一直在学习的路上……

我有个徒弟在教书几年后，说："新教师的成长是慢火熬出来的"。我很认同。

教育急不来，一着急就焦了学生焦了自己；这个"熬"字，很大程度上就是严于律己，时间长了，成了自己的习惯，也成了学生们的榜样。

和小诺同学一起严格要求自己吧，和她一样，成为让学生们口服心服的好榜样。

在乎，才能站稳讲台

○ 这就是常说的"初心"：全心全意为学生着想，努力把工作做到最好。

新手案例

送给新上岗的老师们

2018 年 9 月，我正式上岗。任教两个班级初一语文，做一个班级的副班主任。

一年过去了，苦辣酸甜，渐渐进入角色。今天和大家分享我一年来的心路历程，为 2019 年 9 月新上岗的老师们尽我绵薄之力。

1. 连夜做好席卡

开学前一天，我拿到班级名单，第一时间做了全班同学的姓名席卡。字到写时很怕丑，为了给初来乍到的学生留一个好印象，我在粉色纸上一丝不苟地写出了自己平生最好看的字，加上折叠成立体三角形，花了整整两个小时。

入学的几个月以来，因为有了这个用心做好的席卡，在非常多的时候化解了我的尴尬，指着一个学生想喊他的姓名，然而却话在嘴边说不出来，于是席卡醒目地在一旁提醒着我。

过了几个星期，个别有点破损的我都一一补做，学生们看到了我对席卡的重视，大多数同学的席卡都被保存得十分完好，我心里也甜滋滋的。

这样既方便了学生们相互认识，方便了组长课代表收作业，也方便了任课老师们认识学生。小小席卡，真是一举几得。

席卡也让我深刻地认识了如何与同事相处的道理。因为买粉色纸的时候我只想到了自己做副班主任的那个班级，所以只做了一个班的席卡，而另一个班级却丝毫未动。等我想到的时候已经是半夜了，而第二天就要开学了，所以每当我走进另一个班级上课时，心中总会隐隐有些不好意思，好在另一个班的副班主任也很快做好了席卡，化解了我心中的尴尬。

当家长群里上传着孩子们和席卡的合影，可劲儿地夸奖着老师的负责，我心里也乐开了花，小小的席卡能够收获学生的惊喜、家长的认同和同事的友好相处，我很受用。

有了这样一个基础，我对于教师这样一个岗位，就有了更深刻的理解：思虑周全，利己利他。

2. 上好开学第一课

开学第一课准备上朱自清的《春》，8 月 30 日晚上，我们四个新老师一致决定加班探讨，每一个自然段，每一个字词，每一个重点，都不放过，找到一个空教室，甚至自导自演学生，那种感觉真的和当初在准备考教师编制面试时截然不同。一定要上好每一节课，一定不能误人子弟，一定要有责任心，我心里一次次地叮嘱着自己。

上完课的第一天，我们四个互相望了望，谁也不去询问谁，只是尽力地批改学生交给我们的第一份作业，紧张而兴奋地等待学生来询问问题，询问回家作业，而我们假装随意却又小心翼翼地用余光去观察学生拿到作业后的表情。

下班时间到了，长长地吐出一口浊气，结束这意义重大的一天的工作，准备收拾东西回家时，突然又想再重温一下明天的备课笔记，又匆匆坐下，埋头钻研。

3. 如履薄冰第一天

办公桌上每一次手机的震动、QQ 上每一次头像的闪烁都会让我们如临大敌，生怕是某个家长听到了孩子今天上课不满意的话，用质问的口吻怀疑我们的工作。幸亏没有，我们长舒一口气。

回到家，再好好温习一下明天的上课的内容，避免出现失误，然后就早早地睡觉了。

这第一天，很累。但是也很刺激。似乎就在这真正做老师的第一天，我感觉到了自己肩头的分量，不再年少轻狂，慢慢变得沉稳起来。

经历过第一天，往后的工作才渐渐有了平常心，渐渐能够把握住课堂，当四十几双眼睛望着你的时候，当你必须要树立自己的威信的时候，当你要确保自己的发音标准大声、讲课的内容通俗易懂的时候，这是个莫大的挑战。同时这第一天的经历，无论好坏，你都会拥有让你受用长久的经验，无论来坐镇听课的老师面容是否僵硬，你板书的字是否歪扭，你平静面容下的心脏是否狂躁不安，都将它当成一场心理的考验。

4. 自我定位很重要

一年来，与学生朝夕相处，现实与理想总是相去甚远。母亲说："每次遇到一些学生的事，你就问自己一个问题：我是谁？"

小 A 同学考试得了零分。我生气又无奈。我是谁？难道我是气鼓鼓的青蛙？谈心、鼓励、个别辅导，每次进步一分也好，有反复也是正常。

小 B 同学和高年级学生谈了个小恋爱，操场逛圈秀恩爱，失恋后成绩一落千丈。我心疼又焦虑。我是谁？难道我是睁一只眼闭一只眼的猫头鹰？小助手、领读员、批改人，我让她忙得团团转。

小 C、小 D、小 E……

我渐渐明白：我是谁？

学生情感丰富，我是观察者；学生各种行为，我是思考者；学生差别各异，我是行动者；学生每天成长，我是记录者。

我不奢望学生早上犯错，中午被我教育，晚上他就变成一个好学生。

我是谁？润物无声，静待花开。我，是一个等待者。

即将走上教师岗位的你们，别害怕，稳住了！

加油！你能行！

于洁的建议

做了老师到底有什么不一样

我记得是 2018 年 9 月开学第一个周末，你回家来住，晚上九点多钟，我们在客厅里说话。你接到了一个家长的电话，我看着你一边通话一边走回房间的背影，听着你礼貌又耐心的声音，在那一瞬，我第一次清晰地意识到：你做老师了！

在你每周一篇的教育叙事中，我慢慢地观察着你的教育理念、教学方式，了解着你的学生和家长，我看到了你的苦恼、焦虑，也看到了你的期待、喜悦。

我一直在想：做了老师的人，和从前到底有什么不一样了？

看完你这一次写给新上岗老师的文字，我找到了答案：在乎。

做了老师，更在乎做事完美了。

我记得你做席卡的那个晚上，都快晚上 10 点多了，你打电话给我沮丧地说全部做好后，才发现有三分之一的席卡名字写反了，你说你光顾着认真写字了。想把写错的重做，却发现家里没有粉色 A4 纸了，店铺也都关门了。你说明天就要开学了，早晨可能无法用席卡了，只能明天早晨抽空再做，下午用了。真是遗憾啊。

接了你的电话后，我马上找了一下，正好还有 20 多张粉色 A4 纸，于是连夜从昆山送到太仓。你跑到楼下来拿的时候，喜悦之情溢于言表。那个夜晚，当你全部做好席卡后，都快要晚上十一点了。

我懂你的心情。

记得我自己当年工作第一年，开学前三天我就把教室里打扫得干干净净，可是在开学前一天，我还是又跑去教室，拿着抹布把每张桌子凳子都擦了一下。站在教室门口，长舒一口气。想象着第二天学生来看到干净整洁的教室时的舒畅心情，那种感觉真是累并快乐着呀。

也许，这就是常说的"初心"：全心全意为学生着想，努力把工作做到最好。

做了老师，更在乎一言一行了。

你说做席卡的时候特别在意自己的字写得好不好看，深有同感。我给学生们写信，也是特别认真地写好每一个字，尽量没有任何涂改，因为初中生是不能写潦草字的，所以我也把自己的每个字的笔画都写得清楚端正，唯恐造成负面影响。书信的格式，字的笔画结构，行文的流畅，不写空话大道理，尽量走心……因为我明白，每一封信都是一次最近距离的作文示范。

学生们有最敏锐的眼睛，最敏感的心。看上去似乎漫不经心的样子，其实眼睛里看着，心里想着。一个老师的一言一行，早已被学生一眼万年。说不定很多年后师生聚会，学生们不经意说出来你曾经的一些言行细节，会让你心里一惊：哇，他们都看在眼里哦。

你是一个语文老师，写好字，朗读好课文，把课讲得生动有趣，尽量多和学生一起写同题下水作文……

你是一个副班主任，多关心学生，多解决学生的实际困难，多体谅家长的焦虑无奈，多为任课老师着想……

做老师前，你就是一个人，吃饱了喝足了把自己的事情搞定就行了；做老师后，你心里装着一群人，快乐着他们的快乐，悲伤着他们的悲伤。

他们是你人生路上陪伴你一起走过三年的人，他们会带给你酸甜苦辣的教育人生。

你的人生当然不只有教育，但做了教育，你的人生一定是完全不同了。

做了老师的人，会更在意自己的人生意义。

28 年来，我越来越明白，教育就是度人度己。

亲爱的儿子，你，我，全国各地的老师们，还有新上岗的老师们，我们，一起加油！

初登讲台，你需要做好这四件事

○ 一个新教师永远保持一种积极进取的精神，是年轻人真正的样子。

新手案例

工作一年的得与失

在通过教师面试后的很长时间，我心中小窃喜，以至于没有把前辈们的话放在心上，只是在偶尔想起时学一学怎么才能够站稳讲台，荒废了不少时间。

开学前的暑假，好在听进去一点老教师的话，先把课备起来，教案抄写起来，以备开学不会手忙脚乱的。我断断续续地抄了几篇教案，字数也不多，有点马虎，心里想着反正真的要上课时我自然会好好再备备课的。

真正开学的那第一个月，我忙完了班级的各种琐事，才发现自己的手抄教案落后了一大截，心里顿时压了一块大石头。好在学校里的领导很细心负责，每个月底都要查一查，否则积压的越多，心里越慌。

虽然自己暑假里提前抄了一点可以急用。尽管是这样，我仍然加了很多次班，才完成了手抄备课的任务。现在想来，还是很庆幸自己提前备了课，荒废的时间，都在未来补了回来。

从开学的第一个月开始，我发现自己的课表与师父的课表产生了冲突，这样我就很难听得到师父上的课，更别说完成听课笔记，于是心生怠急，把听课抛于脑后，心里想着自己也能够上得好课，当初那种优越感又滋生出来。

一些课还算过得去，但是碰到古灵精怪的学生，就有些头疼无法把控课堂，浪费掉不少时间，课后的反思也只是粗略浅疏，不能一点到位。

好在师父细心地看了我的备课和反思，给我提出了很多好的建议，并且主动让我去听她的课。调换课表后，我坐在课堂的最后面，一堂堂听下来，学习到非常多的教育小细节，自己不太熟悉的文学知识，把控课堂的方法，心中生出很多愧疚和自责。

对我而言，我错失了之前的很多听课机会，尤其是名篇，心知自己上得一般，却没有好好请教反思；对学生而言，他们失去了好几堂本应该上得更好的课，少汲取了很多重要的知识。

有了这次经验教训之后，我便常常去听师父们的课，听课笔记记了很多。我想：这不仅仅是在较深的层次给予你帮助，何况这些听课笔记更是你交给学校的重要材料！到未来的某一天，你会发现这些付出是值得的。

一年的时间过得很快，有时候一学期下来你就会发现，身边的东西似乎除了无尽的教案课件和几篇硬性要求的文章，没有别的可以留下了。所以，一定要有意识地写文章，把记录当成习惯，你很快就会在学期结束时收获，任何的付出积累到一定的程度就会产生质的飞跃。我清点了一下，我一年写了 36 篇教育叙事。我感觉在学校的规定操作之外，自己定个小目标，逼一逼自己也是很好的。

不要小看公开课，这是绝佳的身心锻炼机会，更是荣誉积累的机会，尽管公开课会耗费你大量的心力，甚至是折磨，但是百转千回，你会慢慢地熟悉、自信、强大，到真正来临的那一天过了之后，全身心的放松会弥补你这些天的辛苦，心境升华。不仅仅是这些，个中收获你自己去体会！

不用害怕，在摸爬滚打中去用失去来换取收获。雨果说，世界上最广阔的是海洋，比海洋更广阔的是天空，比天空更广阔的是人的心灵。自我放得越大，心灵就越小；达到无我境地，心灵就最广阔。

于洁的建议

初登讲台，你需要做好这四件事

关于备课

手写备课是很多新教师头疼的事，大概是因为心里觉得纸上写的和真正去上的时候是不一样的，或者心里想着手写教案就是应付一下上头的检查的。所以我看见过有的新教师故意放大字体和行间距，用最快速度完成一课时三四页纸的备课；也看见过一边玩玩手机，一边抄抄教案，心不在焉的状态。

我自己是个惜时如金的人，不喜欢做无用功。所以我想既然这件事情是必须要做的，就认真做好吧。有些事情是可以一举两得的，比如写教案的过程也是一次练字的过程。很多新教师上课后，字到写时方恨丑。确实如此，有时候教师写出一手漂亮的字，无形之中在学生中就多了一份威信。

关于听课

大学毕业加上考编成功，确实会有小确幸、优越感。年轻教师看不起老教师的事情也是很多的。比如去听了老教师一节课，心里想着也就那样啊，我去上也差不多嘛。包括同事之间彼此听课，也会出现不以为然的心情。

你说得很对，听课需要听一些细节：老教师对本课的重点是如何定位的？问题如何设置的？课堂如何掌控的？遇到冷场怎么处理的？遇到学生答非所问如何处理的……

听课更需要一种自问：如果我讲这个知识点，我会如何处理？

用扬弃的态度去听课，是对自身很好的一次提升。

关于教育叙事

特别高兴一年来你写下了 36 篇教育叙事，我把它们都打印了出来，装订成线装书的样子。这是你一年来走过的痕迹，踏踏实实的每一步脚印。是一个年轻人沉下心来研究教育的最美好的姿态。

关于公开课

回望我自己一路走来的痕迹，公开课和比赛对我的促进是最大的。我很幸运在工作第二年就参与了学校的省级课题研究，作为公开课的承担人，我承受住了压力，增加了很多的能力。最难得的是在浓厚的教研氛围中感受到了赞赏与批评同行的真诚。

影响我最大的比赛是苏州市班主任基本功竞赛、苏州市语文教师基本功竞赛和苏州市主题班会课竞赛。从赛前的准备到临场的发挥，比赛的刺激程度与获奖后的喜悦程度成正比。三个比赛结束后，我觉得自己成为什么都不怕的人了。

特别欣赏你的"摸爬滚打"四个字。这一年的煎熬你挺过来了，不容易。我看到你无奈头晕坐在凳子上惆怅的样子，也见过你字里行间谈到学生进步时的喜悦之情。

都说三岁看老，一个新教师的前三年基本可以决定他今后的三十年教书生涯状态。我自己这么多年下来，在教书这件事情上一直保持着如履薄冰，丝毫不敢懈怠。从不敢把自己当成老教师，唯恐一点点倚老卖老反而经验主义成了主观臆断。

我想一个新教师永远保持一种积极进取的精神，是年轻人真正的样子。

也请你这个年轻人带着我这个"老人"一路前行。

这条路的名字叫作"保持初心，不辱使命"。

遇到"慢孩子"怎么办

○ 教育，就是一场人生的修炼。尽力而为才有小欢喜。

新手案例

小欢喜

新学期开学的第一节语文课课前，站到讲台上，我满是笑意地看着他们，很快，就有几位同学带给了我惊喜。小晨带头将几个好朋友暑假里练好的字帖交到我的手中，小悦双手奉上她做了一整个暑假的语文课外阅读，然后自豪地和我说："老师这是我上学期给你的承诺！我完成了！"

我向她点点头，然后环顾四周，等待了一会儿，鲜有上来者。

我有些失望，上学期给我保证的人不少，实现的人寥寥无几，好在还是有几个说话算话的同学。

收拾收拾心情，开始第一堂课的默写。默写的内容是暑假里要求背诵的五首诗歌，背默是学校统一写明的暑假作业，而且家长签字，且孩子们交上来的作业都有家长的签名。昨天晚上学校也向全年级发送了默写内容通知，相信他们有所准备，不至于默得太难看。

巡视一圈，似乎还行，但是小言玩着手里的纸屑笑盈盈地看着我；小宇手撑着脑袋笑盈盈地看着我；小豪则干脆趴在桌子上，转起了笔；小婷则一如既往的空着默写本，头埋得深深的。

看到他们几个，我似乎又想起了上学期的无奈。花了大量时间和精力在他们身上，少有成效；陪他们到最晚，抓他们到最累，成绩却又拖后腿。

想到这里，我决定先让他们打开书对着原文继续背诵，先从最基础的东西抓起。他们也习以为常，完全没有新学期新面貌的感觉。

默写本批完，让课代表登记成绩，我拿到手一看，自言自语地说了一声："默得还不错啊，只有五个需要重默。"课代表抿着嘴笑："还有五个没有登上成绩，都是没有默的。"

我白眼一翻，只好挨个让他们来办公室弄默写。一排五个人站在我面前，我心里叹着气。翻看他们的默写本，小王的默写内容虽然只有别人的三分之二，但是那默出来的两首却比较完整，我便试探性地让他背背，确认他是不是抄的，我很惊讶地听他背完两整首诗，摸摸他的脑袋："你也太厉害了！"小王得意地摸摸自己的脑袋。

"你还能继续背下去吗？"小王继续往下背了两首，旁边的几个老油条也惊呆了，小王更加得意，"那你会背为什么不往下默写？"他支吾了半天，意思是太懒了，而且也有字不会写，毕竟错一个就要重默的。我见状立刻说道："你们要听好，因为是新学期的开头，我给你们一份礼物，你们的默写默之前，先来找我背一遍，只要背得流利完整，就算错一两个也可以不用重默，只需要订正。"

他们显得愁眉苦脸，但是这对小王很有利，忙不迭地点头，还不忘瞪其他人几眼，事情就这么定下来了。还有个别人和我讨价还价，今天背两首明天三首，我统统答应。想背，总归比不背好，默错总比不会默好，再说小王的这一次小欢喜肯定能支撑他努力一阵子。除了小婷这个女生无动于衷，我想不到更好的方法帮她的新学期新生活开个好头，只能静待花开。希望这样的小改变和小欢喜越来越多，能够让他们走更远的路。

于洁的建议

"静""待""花""开"

1991 年，我做了老师。2019 年的今天，我走过了 29 年的教书生涯，班主任也做了 28 年了。

现在刚接手的班级里有个大男孩，几门功课加起来的分数还不如别人一门功课的一半分数。可他帮我排列家长会的凳子的时候，却像个三四十岁的沉稳男人一样，让我觉得特别靠谱。

班里有个看上去很聪明相的小男孩，默一首古诗错了 12 个字。让我长叹一口气。

若是换在 20 多年前，我会很焦虑，会和你一样一边叹气一边抓着他们背诵默写订正一边抱着侥幸心理：也许哪一天他们就开窍了，也许哪一天他们的学习态度就有了新面貌了……

20 多年后的今天，我对静待花开有了新的认识。

"静"是抚平焦躁不安甚至火冒三丈的情绪后，重新梳理头绪。告诉自己：我只要尽力了就好；我不用一把尺子衡量所有人。

"待"是选择时机不动声色。小王同学不就被你逮住了机会吗？5 首诗歌他背出来了 4 首，哪怕默写错得很多，但在其他几个人面前他也有了大大的成就感。这个成就感足够支撑他把还有一首背出来。

你的默写规则是默错一个字就要重默，这样的规则适用于 4/5 的学生，还有 1/5 的学生听到这个规则就躺倒不起来了，他们心里有数，自己无论如何都过不了关了，那就索性不背不默了。

一个教师只要手里有那么一两个学生，就意味着大量的精力要花在他们身上了，若是有那么五六个、七八个甚至十来个，这个教师心里是很苦的。这些年来，我经历过，完全能够明白个中艰辛。

你从来没有放弃他们，我为你骄傲。这是一个教师的良心。

这个等待的时间，你要有个思想准备，基本是从初一一开始到初三毕业。永远不要抱着哪天天上掉馅饼的侥幸。做好了最坏的思想准备，每天和他们拉锯战的时候心里反而坦然多了。"来吧，慢慢磨，反正我是不会放弃你们的。"一种悲壮的伟大感油然而生。

告诉你一个秘密，我有时候真的要去做这件"悲壮"的事情的时候（比如今天有学生背诵或者默写实在一塌糊涂，实在不能放 TA 回家，要在放学后留下来等 TA 背出来默出来，没有个把小时几乎不可能），我会听一首苍凉大气的《英雄的黎明》。

我们要认真工作，但认真二字不等于只有 1 没有 2，先把自己哄开心了，再去和学生慢慢背慢慢默，就不会那么痛苦烦躁了。

我不希望自己是带着很强烈的不满情绪甚至是愤怒的情绪去和"慢孩子"谈学习上的事情的，那样的结果只会双方谈崩了，最后两败俱伤。

最好的方式是告诉自己：TA 这次考试只有 6 分，已经这样了，最坏也就这样了，那就慢慢来吧，下次考个 7 分好了。至于学校层面会不会因为这个学生下次只考了 7 分而来追究我班级的平均分有点低，那真的只能是我自己问心无愧就好了。

所以这个"待"字，不仅仅是对学生的等待，也是给教师本人时间。因为遇到了"慢孩子"，实在是急不来的。

"花"是提醒教师这世上"花"有千种，书读不来，也许其他方面很不错。去观察读书以外的其他方面，给予肯定与鼓励，让学生有一点点自信，觉得老师不是只盯着成绩的，也能看到我身上其他闪光点的。老师看得起我，那么我多多少少也要不让老师太失望，在背诵和默写上至少能有一点点进步。

所以，我把"慢孩子"留下来背诵默写的时候，有个步骤：

1. 来坐下，你慢慢背，不着急的，我陪你。

2. 我觉得你可以背出来的，只是需要时间。你先自己背一会儿。

3. 我来帮帮你，第一句的意思是……所以第一句你试着背背看。

4. 不错，第一句只背错了一个字，你再重背一下。

5. 好，我们来第二句……

6. 我有点饿了，我们一起吃一点饼干，然后再继续。

7. 不错，虽然有点生，但终究是背出来了。下次再有背诵你自己多花点功夫哦。

8. 反正我肯定会陪你一直到能背出来为止的。我们一起努力吧。

9. 你啥啥啥方面很好的，对老师也很好，愿意和老师一起努力背出来的，所以我觉得你是个不错的学生，我想帮你的。

"开"这个字，我相信总有一天"慢孩子"会有属于自己的"开挂"的生活。也许开车很溜，也许开个小面馆忙得热火朝天，也许开个公司赚得钵满盆满，也许抱着自己的孩子享受着温馨的亲情……但我头脑清醒，很多"开"不会"开"在我手里。

相信，但是不抱太大的希望，只是尽力而为。这是我教书生涯中很重要的一个心理特色。用积极的态度去做事，但也做好了最坏的思想准备，能承担最糟糕的结局，比如辛苦耕耘最后颗粒无收。

为什么我说教育是度人度己，是因为教书29年来，我学会了一种最适合自己的教育心态：努力地去帮助学生，这是度人。不苛求自己能够改变所有的学生，只是去尽力而为直到我无力再为，然后我释然，放过了自己。这是度己。

教育，就是一场人生的修炼。尽力而为才有小欢喜。

儿子，你慢慢来。不着急。

课堂，不妨来次大胆的尝试

○ 只要我觉得对学生的终生发展是有意义的，那就无问西东，只管去做了。

新手案例

一次大胆的尝试

从上初中起，我就幻想着，有没有一天，能够去操场上或者别的地方上语文课，那样肯定很好玩。儿时的我心里想着，能够在课堂之外边玩边学。可惜学校的定义太明确，玩的时候玩，学的时候学。始终没能够实现这一想法。

很多年后做了老师，这个梦想仿佛水底的岛屿，时常会探个头。

今天，上了一上午的课，在午间到"教工之家"略作休息，思考着下午多出来的一节课怎么处理。

起身环顾四周，书架上的书常年放着，没有多少人去借，这间专门提供给老师的"教工之家"窗明几净，凳子是藤椅，橙色暖阳从窗户折射到玻璃小圆桌上，印出一片光亮。

眼前一亮，不如让他们到这里来阅读一节课？换个环境，到这个典雅的地方看看书，静静心，如何？我被自己这个念头吓了一跳，但很快又坚定且兴奋起来。

可是教工之家就在办公室旁边，万一学生吵怎么办，不乖肯定要被老教师们一顿痛批。

我先找来课代表，和他说明情况，明确我的意图，让他先去打预防针，唯一的要求就是安静；第二，让他和我一起检查书本，不适合现阶段阅读的挑走先放在我的办公桌上。

我去教室里宣布了这个消息，他们反倒是很平静，有好多人问："老师，可以带作业吗？"我犹豫了一下："可以带练字的本子。"这样也好，避免他们一窝蜂地去拿架子上的书。我还宣布了重默的同学、作业不合格的同学名单，他们需要先完成任务才能看书。

从教室走到教工之家，需要一分多钟的路程，已经提醒了他们需要安静，但还是有学生在蛮大声地讲话，我立刻提醒他们。安静了一会儿，走到教工之家里，坐下就开始有嗡嗡的声音，我忍耐不住，音量也提高了，示意他们保持安静，他们见我有点生气，安静了一会儿。

有些乖的同学已经开始默默地练字了，还有一些人上来就在书架那边准备挑书，但是更多的在吵吵嚷嚷。我再次示意他们安静并开始在教室里巡视，希望给他们一点压力。

声音稍微小了点，大部分同学在练字，我有点失望，心里更希望他们能够阅读，不然带他们来这里干吗呢？

第一次把语文课堂搬到其他地方，我想着总要留下点纪念，所以举起相机，开始拍摄。

意想不到的事情发生了，当我举起相机，他们很多人都发现了，竟然安静了下来。我压住自己心中的激动，站定在了门口。学生一抬头就能够看到我在望着他们，"教工之家"一片宁静，慢慢地，很多人开始放下字帖，去挑选自己喜欢的书本。

环顾四周，我惊喜地看到，之前赖着不肯重默的小婷，竟然示意我来批改她的默写，甚至补完最近一次默写后，还说我把前面的几次也顺便完成了吧。轻描淡写的几句话却在我心中激起了千层浪。心里有点感慨，但不能表露。又有几位同学将作业订正好给我检查，字迹都很工整。

　　我回到门口，突然发现爱看火影的小王正在聚精会神地看书，忍住激动拍下了他的照片；再一转头看到平日里"葛优躺"的小坤，你猜他怎么看书的？藤椅两侧的扶手下面有空档，他瘦小的身体竟然把腿伸进这空档里，把凳子转向着看书。我憋住笑，拍下了他的照片。一直都很懒惰的小宇，也在目不转睛地读书……我拍下了一张张认真模样的照片，心里感慨。同时思考着为什么一开始会吵的原因，也许是因为我一直走动导致了另一边的无所顾忌，而我站在一处不动，则给了他们十足的威慑力。

　　本想一边批试卷一边看着他们，我选择了后者。下课之前提了两个要求：带走自己的东西；把书放回原处。他们整齐划一的行动，安静且小心。

　　这是我做老师以来一次大胆的尝试，把课堂搬了个地方。我所得到的是心中感动，也在小窃喜。

于洁的建议

与你分享我的很多尝试

　　你的文字勾起了我很多回忆。二十多年来，我曾做过的无数次尝试，一瞬间一一浮现。

　　曾经在风和日丽的日子里把课堂搬到操场上。

　　学生围成一圈坐着，那时候班级的人数不算多，四十个人左右，一圈正好。我也在学生中坐着。左手边是红叶李，开成粉白色的云朵；脚边是"才能没马蹄"的浅草；头顶蓝天白云；操场跑道上有正在上体育课的学生，从我们身边跑过的时候，好奇地看着我们。

　　我戴着小小的扩音器，一边讲解课文一边观察学生。正如你所说的，学生表现得很是平静，并没有表现出特别新奇的样子。也许学生在很多年的教育中已经习惯了老师说啥就是啥，缺少了对新鲜事物感知的敏锐度。

这是我当时的想法。

因为是正常上课，所以并没有拍照记录，只是在课结束时我们匆忙地拍了一张照片做个纪念。照片是抓了一个操场边跑步的学生替我们拍的，拍得清晰度不高，最遗憾的是没有把我们和盛开的红叶李拍在一起。

曾经把复习类自习课搬到操场上。

记得那是临近期末考试的时候，又是初三，从早到晚教师轮番进班炒冷饭。每到下课进班级看看，总能见到累趴在桌子上的学生。

也许是一届一届总是这样的吧，学生除了发点小牢骚或者趴在桌子上睡觉，也别无他法。

那天我的复习课是在下午第一堂课，正是学生最困的时候。后面还连着三堂理科的复习课呢。

那是一个冬日的下午，难得老天不吝啬，温暖无风。我在教室门口喊了一声："带上复习资料，跟我去操场。"学生们一愣，随即欢呼起来。

他们三三两两在草地上坐下，有的背靠背，有的并肩，有的面对面，还有的直接躺下来把头搁在好朋友肚子上，让人看了忍俊不禁。

我在他们中间来回走动，一方面监督复习，一方面解答疑问。再后来我在跑道上慢走，看着枯黄的草地上他们认真复习的样子、累了闭着眼睡觉的样子，我的心里有一点点安慰：至少这堂课缓解了他们的劳累，保证了后面几堂课的效率。

曾经把班会课搬到了地上。

那是初三后半学期的一节班会课，之前了解到学生们对于作业量抱怨颇多，甚至还有学生在老师布置完作业走出教室后嘴里骂骂咧咧。

我让学生把课桌椅都移到教室两边，中间铺上报纸，所有学生脱了鞋子围坐在教室中间的报纸上。

一时间教室里安静无声，学生完全搞不明白我这个班主任想干吗。等我在人群中坐下来时，我和学生们都忍不住大笑起来：四周围男生的脚实在太臭了。

这一笑，教室里的氛围变得宽松友善起来。我们随意地聊着关于作业的事情，有学生说如果每门功课做个 20 分钟，那么语数英理化史政，也至少需要 140 分钟，如果磨磨蹭蹭，再加上数理化遇到难题想一想，那么基本需要三个小时才能完成。所以不是老师布置作业量多，而是确实是因为初三功课多，不该把气撒老师身上去的。而我也向学生声明我的语文作业尽量在课堂上留出时间给他们做，以此减少他们的作业负担；也希望他们珍惜自习课的时间，做到高效率，减轻回家后的作业负担。

我捏着鼻子说："快起来吧，我受不了了，臭死了。"学生们再次哈哈大笑，起身，移动桌椅，安静自习。

后来有个学生毕业后写信回忆了这一堂特殊的班会课，她说她学会了一件事情：遇到问题不发牢骚，而是调整情绪，想办法解决。

曾经在语文课上用唱歌的方式背诵古诗文；

曾经带着学生一路步行到阳澄湖边观察冬日的水面，体会"独钓寒江雪"的意境；

曾经因为学校组织外出参观结果高速上大巴车尾部起火无法跟上大部队，带着学生下了高速敲开农户的门一起用灶头炒饭吃；

曾经把两节语文课并起来包馄饨吃馄饨，体验来自生活的哲理……

我曾经做过无数的尝试，有的尝试学生无动于衷，也许在他们这样的年龄是无法体会一个老师的良苦用心；有的尝试被学生终生记忆，很多年后还念念不忘。

有一些留下了照片，定格成我自己永久的记忆；有的只顾着做事，忘记了拍照留念。

这些尝试，完全出于一个教师对学生的体贴与关爱，想着在他们相对枯燥的学习生活中给出一点点新鲜感，想着让他们的学校生活能够更丰富多彩一些，想着让他们若干年后回忆起的学校生活没有那么乏味……

　　而一个教师的良苦用心并不是会被学生在当时那刻完全理解的，更谈不上感激。不要说十几岁的学生了，就算是成年人，也不一定能够真正体会到别人带给自己的善意。

　　所以，只要我觉得对学生的终生发展是有意义的，那就无问西东，只管去做了。

　　很开心，你在工作的第二年能有那样的小心思小尝试，和我一样，母心甚慰。

怎么把握师生关系的度

○ 课堂上是师生，课下可以是亲人、朋友。

新手案例

一场球赛的思考

最近一直在思考，该怎么和学生保持一个适当的距离。

转眼间已经踏上工作岗位一年多了，听老教师的，严肃教学，与学生保持适当的距离，坚持不了几天，自己的"大朋友"天性就出来了。比如小胖和我太过熟悉，以至于和他讲话的时候他手竟会不自觉地搭到我的肩膀上。我总是瞪他一眼，小胖也会讪讪地一笑，缩回自己的手。除了小胖，其他同学倒也乖巧，还不至于和我这个老师没大没小。

这一年下来，由于经常坐在办公室里，自己的身体没有以前那样灵活了。于是，我总会在忙完事情又恰好是学生的体育运动时间，去操场逛逛，呼吸新鲜空气。

国庆假期的前一天大课间活动时间，操场上学生们正在进行一场足球比赛，尽管知道自己穿的鞋子不适合踢足球，但真的有点忍不住诱惑（我在大学里组建足球社，又当裁判又当队长），还是上场了。

作为一名语文老师，平时在学生面前显露的唯一绝招也就是写写文章，朗诵朗诵。所以当我开始做一项平时学生看不到的东西时，就会立马获得学生的极大关注。很快我们班级的学生就聚集在操场的跑道上，观看比赛。

在我带球过人的时候，欢呼不断，在我进球的时候更有尖叫，那一刻真的仿佛回到了大学时候，偶尔走到足球场边缘，还会有男生给我递瓶水，示意我补充水分，我笑着眨了眨眼，对他点点头。

我其实一直都信奉着一个观点，只有学生对这个老师认同，找到学生和老师之间的纽带，学生才会有很大积极性去开始听课学习的过程，比如名教师的人格魅力，上课风格就是短时间建立起来的，而自己班级的学生，长时间的相处更是需要这种纽带去维持。生活需要仪式感，学习更是如此。

但是我也清晰知道自己和学生的关系之间应该有个度，太过和蔼就会导致学生上课的纪律难管，需要让他们明白上课是师生、下课是朋友这个道理。

当我结束球赛，大汗淋漓地回到跑道时，接过他们的纸巾和水，不忘谢谢他们，看着他们的笑容和崇拜的眼神，自己心底也乐开了花。一直在尝试着寻找磨合师生关系的平衡点，之前的篮球赛，如今的足球赛，都是这个寻找过程的一部分。当某一天的一个眼神，能够让全班都懂得；哪一天的一个动作，全班都会意。想必这再也不是四十几个散兵，而是一个真正的班集体了吧。

于洁的建议

一个教师的多种角色

今天，我照例写下班主任日记，发给我的学生们。

于老师日记　10 月 21 日　周一　晴

这些天，我一直在思考一个问题，我们很多同学的父母都一直不在家里，为了生活，他们无法家庭和工作兼顾，很多同学类似于"城市留守儿童"，家里只有老人或者手机电视相伴。面对这样的状况，同学们的人生该怎么办？

我想了一下，提出以下方法供大家参考，也请同学们一起想想办法，如何走好自己的人生路。

1. 把于老师当成自己的亲人。遇到问题多和于老师沟通。于老师是个很相信缘分的人，于老师到集善中学，也许是冥冥中注定来做大家的亲人。我会像母亲一样关心同学们，也会像父亲一样对大家严格要求，还会做大家的知心朋友。

2. 同学之间友好相处，像兄弟姐妹一样。大家宽厚友善。生活上互相照顾，学习上互相帮助。

3. 正好利用父母无法照顾自己的机会来提高自己的生活自理能力，为将来过高中和大学寄宿生活提前做准备。

4. 倒过来，你来像父母一样支撑起这个家庭，来照顾好自己的弟弟妹妹，不让父母操心。不然父母只要有一个人生病了，这个家就会失去重要的经济支柱，就会垮塌。

5. 如果你的父母都在身边陪伴你，请你一定珍惜。

6. 老天所有的安排都是用心良苦，你接受就是。

7. 你还有什么其他好主意，请你提供给于老师。

我把自己的班主任日记给你看，是想要告诉你：这些年来，我一直在思考，作为一个老师，到底在学生面前该是什么样的人？

曾经，我也和你一样，执着地在学生面前板着一张脸，似乎那样可以增添一些威严；也曾和你一样，担心着如果在学生面前露出慈善笑脸学生会失去敬意没大没小。

亲爱的儿子，这样的纠结会持续很长一段时间，直到你站稳讲台，直到你慢慢有了自信，直到你渐渐开始有了气场。这段持续的时间，你会一直像风中的小鸟跌来倒去，最后终于找到平衡站住了脚跟。

是的，平衡。这是教育的关键词。

这几天和学生一起看《红星照耀中国》，看到斯诺写彭德怀的那一章，心生佩服。斯诺笔下的彭德怀虽是军中指挥员，可是在战场之外，他却单纯率真活泼得像个孩子，一件缴获的降落伞做成的小背心能让他得意洋洋，爬山的时候能像一只兔子蹿向山顶。这样的一个人物形象，才是真正有血有肉的人，才不是挂在墙上的一张照片。

师生关系也该如此。课堂上是师生，课下可以是亲人、朋友。

我想起自己读书时代时的几个老师，惊讶地发现自己记住的从来不是他们教了我什么知识，反而都是一些与读书无关的细节。

那个在阳光下眯着眼，惬意地把腿搁在藤椅子上的历史老师，他的课生动自然，也曾在课堂上捏着一个调皮男生的帽子不放，惹得我们哈哈大笑；

那个在课堂上流鼻血用袖子一擦还继续讲课的数学老师，他很古板，坐在第一排的我看到他袖管上的鼻血很是恶心，如今想来却很是不忍；

那个在家里和我们一起包馄饨吃馄饨的语文老师，她很严肃，但在家里却笑容满面和我们说话聊天，还用天真的语调问："是真的啊？"

那个结婚时给每个学生发了巧克力的班主任，在黑板上用很繁琐的方法解了一道数学题后，退后几步，看着自己的板书自言自语道："不会吧？这么繁？"转过身来对我们说："你们有没有简单点的方法？"

那个上课突然有个蜘蛛垂挂到他面前，才被他用书拍死，又有一只鸟飞进教室被他用最敏捷的身手一把抓住，拎出教室放飞后若无其事回到班级，对根本没来得及反应过来的我们说："北半球的气候……"

……

回忆中充满他们新鲜活泼的人生气息，这些老师当年都是优秀的学科教学能手，却全然没有"偶像"包袱。他们在生活与教育中自然地行走，在教师与普通人的角色中自然地切换。

这才是真正的教育，充满人间烟火气，高大上又接地气。

儿子，你记得吗？有一次读初中时的你很认真地问我："你的学生会给你吃东西吗？"

"会啊，怎么了？"我惊讶地问你。

你很欣慰地说："那你是个好老师。"

我忍俊不禁，这个衡量一个老师是不是好老师的标准可真是闻所未闻，可是仔细想想，还真是有道理。

学生敬你、爱你、心里有你，才会分享给你好吃的东西。若是敬你、怕你、远离你，大概你只能看着他们吃东西。

亲爱的儿子，师生关系其实就是人与人之间的关系，是成年人与少年的关系。原则性是必须有的，弹性也是有的。想起小时候跳的橡皮筋，太紧会绊住人，太松会垂地上，只有在一定的松紧度上才能唱着好听的童谣跳着欢乐的皮筋舞蹈。

你现在无须纠结怎么掌握这个度，这需要时间，需要一次次调试。

就像家里的尤克里里吉他，慢慢调，试试弹，渐渐就有了好听的调。

面对自暴自弃的学生，怎么办

○ 向一个自暴自弃的学生清晰地传递一个信号，我不想放弃你，我一直在努力，请你也不要放弃自己。

新手案例

面对自暴自弃的他们，我有心无力

又临期中考试，我愁容满面。

倒不是因为担心大部分人的成绩出现问题，而是那几位又开始放任自己，很少学习了。

小宇开始从早上睡到下午，大概是因为一醒来就和其他同学讲话招致老师的批评，所以他就选择整日地睡觉来荒度时光。

见到小宇睡觉可以不被批评，其他本来就不爱学习的孩子也开始模仿，但是却没有小宇嗜睡。所以出现了早上的课堂睡觉，午自习开始掏出一本小说津津有味地读，也不招惹别人，也不发出声音，达成了某种意义上的"太平"。

但是我总是心里不舒服，明知道他们很难学出效果，我还是尝试着时刻抓住他们，希冀能够提高一点学习积极性，希冀能够提高一点点成绩。我意识到，我有些急功近利了，但一旦我推得有点松懈，稍一转身，他们就很快滚落到原地。

在他们身上花费了太多的精力，从一开始上课不好好听讲闲话，到几次三番教育后慢慢改变成不影响其他学生了，他们又走到了另一个极端，变成不吵不闹却不学。这几个星期下来，他们习惯于这样的日子了。

在默写的时候，小喆和小梦一左一右，一人拿一本小说津津有味地看。提醒后才很不情愿地把默写本拿出来，当然没有准备，也默不出来。我甚至生出了一种感觉，倒还不如让他们看会儿小说，至少有事可做而不用像现在这样发呆、无事可干。

小梦稍微老实点，若告知他讲评的试卷和默写拿回去给家长看，他还肯做一做，应付一下老师。而爱看动漫的小喆，则完全无所谓。他们几个的家长，我都用路路通、电话等各种方式联系并说明情况，有的家长不回应，有的则敷衍了事。听说他们的工作很辛苦，我也再难去打扰。

现在的他们，不再调皮捣蛋，有些沉默寡言。我总是会在上课之前看见他们藏在眼里的疲惫，想来是通宵地玩游戏或手机，亦或是学习对于他们而言实在是一件很痛苦的事情。每当想到这些，我总有一丝莫名的心疼。

有次辅导课结束，我看见他们迫不及待地拿着一个篮球，摸一摸又摸一摸，在等待老师放学的通知。球队成员，全部都是平时学习上面有困难的。而正好小梦需要重默古诗，我看见他不舍地看了一眼篮球，然后剩余几人有些幸灾乐祸。于是喊小梦在我办公室重默，重默到一半，小喆和小宇拿着球到办公室门口，时不时发出一点声音，我一扭头，他们如鸟兽散。

小梦抬头看了一眼他们，说你们不要等我了。小喆他们听了没啥反应，挺讲义气，反复确认说"我们真的走了哦"。

值得一提的是，小喆的默写尽管重默，但是重默的时候是最积极的，而且正确率挺高。我尝试过用他们能够早点打篮球的理由，催促他们早点完成重默，效果不错，但是这样的理由不能够说服他们好好学习。我心里想着，就算默写的几分拿到手，对他们巨大的学习缺口好像也不起什么作用，有点心累。

仅仅在初二上学期，我仿佛就看见了他们初三的样子。其实只要能够考得上高中，就一定有大学读，就会有新的方向供他们选择。但是这种不学习的势头愈演愈烈，他们恐怕也只能有一张初中文凭。

虽然他们都是男孩，但是他们没有一种一往无前的勇气去学习，未来的他们，不知在何方。

于洁的建议

做最坏的打算，尽最大的努力

亲爱的儿子，你所面对的难题，我也面临着。你的心累，我也正经历着。

好在，我一直面临这样的情景，学会了如何先让我自己振作起来。

我对自己说：做最坏的打算，尽最大的努力。

自暴自弃的学生大部分原因是学习没有目标、学习没有成就感于是畏惧学习、无法应对学习上的挫折、缺乏正确的自我认识；也有可能是学校教育中单一片面唯学习论的评价方式造成的。

而我又发现很多自暴自弃的学生，是在认为老师已经放弃 TA 了之后才愈加破罐子破摔起来。

所以我的第一条建议是：

不能让学生觉得老师已经听之任之了

也许你会说：一节课，要关注那么多学生，要完成教学进度，总不能一次次停下来提醒那几个不想学习的学生不要睡觉、不要看小说、不要发呆吧？

我采用的方式是"走动教学"。只要不板书，我会一直在教室里走动，一边讲课，一边关注那几个容易睡觉的看闲书的发呆的，看他要睡着了，就拉他起来站一会儿醒一醒，再拍拍他肩膀让他坐下去听课；看见发呆的，敲敲他桌子提醒他专心听课；在看闲书的，就站在他身边讲课，直到他收起闲书开始听课为止。所有这些提醒，轻微到不影响其他学生，不影响我嘴上的讲课。悄无声息地开始又悄无声息地停止。

实话告诉你：所有这些行为，我根本不考虑他们是否真的认真听课了，我真正的目的是用这样的方式明确地告诉他们——我是不会听任你们自暴自弃的。

自暴自弃像瘟疫，会传染人。有一个自暴自弃了，很快会有一群人自暴自弃。班级的风气就会蔓延出疲软无力的怪味道。

"我可以允许你成绩差，但我不允许你不努力。"这是我一次次对学生强调的话。

"流自己的汗，吃自己的饭。"教室的前门是一块磁贴板，默写过关者就贴一颗星，这样一种显性的成就感油然而生。星星积累到一定程度可以换来美食，哪怕只是一小块葱油饼，学生也很喜欢。因为这就是流自己的汗吃自己的饭。

第二个建议是：

走进学生内心，与其心灵对话

可以有两种方式：面谈、笔谈。

面谈的地点很重要，我一般会选择操场。人在一个开放式的无人干扰的场所，蓝天白云草地，更容易放开心胸轻松交流。师生绕着操场一边走一边聊聊天。教师不盛气凌人，不追问为何自暴自弃，不句句空洞的大道理。教师可以聊聊自己的人生经历，说点有趣的往事，学生也可以随意聊聊自己的一些想法。这样的面谈，也许有一搭没一搭，也许就是教师邀请学生陪自己散散步，也许完全不谈学习，但是对于一个学生而言，他能够很清晰地感受到来自教师的善意和关切。这是一种更清晰的信号：老师没有因为我成绩差而对我横眉冷对或不理不睬。老师的心中是有我的。

有时候，学生是很讲义气的人，你看得起我，我就听你的。

笔谈的内容很重要，千万不要一本正经冠冕堂皇。写出来的东西若你自己看了都不动心，又如何会让学生动心？

我曾给一个自暴自弃上课一直睡觉的女生写过一封信，供你参考：

YQ：

首先要向你道个歉，在没有完全了解情况之前，我有些匆忙地和你进行了一次谈话。如果我能知道你对我说的是那些话，那么我是一定要带你离开这个嘈杂的办公室的。我一定是让你觉得有些尴尬了。真是对不起你！

开学至今，无论是我的语文课还是别的老师的课堂上，你都不断地打瞌睡，与之同时的是你各科糟糕的成绩，甚至语文的默写你都是全班最差的。因为你不笨，我便有些武断地认为是你的学习态度有问题，加上我了解到的你曾经在初一时痴迷看小说还自己写言情小说，我便想一定是你老样子又来了。

对你的现状我很不满，虽然没有冲你发火，想来我的脸色也是不好看的。我把我对你的想法直白地说了，可我还是给了你一个为自己申诉的机会。于是，在嘈杂的办公室里，你尴尬地说了家里的情况。

真是对不起你，孩子。虽然我面上不动声色，可心里却在为你落泪。我可以想象你的爷爷奶奶如何照顾着小孙子而无暇关注你的学习与内心世界；我可以想象一个幼儿如何哭闹影响到你做作业的心情与睡眠。这个重组的家庭一定有很多的状况需要不断地磨合，而一个家庭的重心，一定是落在幼小的孩子身上而不是你的身上。

可你是一个青春少女，正是需要别人关怀的时候，你的妈妈住得远，也许也有了她自己的生活；你的爸爸毕竟是个粗心的男人，何况总要多关注才一岁的小儿子。孩子，也许你青春少女时代的小小忧愁和欢喜只能寄托在唱歌与文字里。要让你在这样嘈杂的环境里静心学习，真是有些难为你了！

今天的美文赏析课上，我和你们一起朗读了《祖母是一片不知愁的落叶》。生活的苦难中，祖母隐忍、坚强、乐观又富有情趣。我在课堂上告诉你们，此刻，我很想念我的祖母，是她的执着与坚定培养了现在的我，虽然，我曾经吃尽生活之苦，但正是这些苦难成为我此生最大的财富。

我说这些话的时候，我注意到你听得极其认真。孩子，你我心灵是默契的，这一节课就是为你、为和你一样经历了一些生活之痛的孩子上的。

孩子，我很喜欢你的名字，用昆山话读，谐音就是"落雨晴"，多么希望你的人生也是这样由雨而晴，这样的人生，很曲折却有美好的结局，很坎坷却也很完整。

孩子，我想告诉你，我们也许无法改变当下的现状，但却可以在现状中找到一个平衡点。比如，当你的小弟弟不大哭闹的时候，你多认真一会儿；比如和爸爸、阿姨一起想办法调整你的睡眠；比如更好地提高单位时间的效率。总之，应该呈现一个焕然一新的你。

你说你爱唱歌，非常好。要是你多学一些人文知识，将来成为既能唱又能创作的全能型人才，那么艺术的生命会更长，而不是昙花一现。周杰伦的唱功我不敢苟同，但他在单亲家庭中生活，孝敬母亲，苦练钢琴，孜孜不倦地创作歌曲的韧劲却深深打动了我。

孩子，说到底，人生是一个人的事情，没有任何借口。我要看到精神焕发的你，踏一路荆棘，弃周遭嘈杂，做一个能静心的人。

爱你的于老师

在这样一封信中，我真诚地表达了我自己内心的一些想法，也给出了

自己的一些建议。写这封信的时候，我的内心是很平静的，那个秋日的夜晚，我在纸上一字一字写下的不是责怪与愠怒，而是心疼与期待。

同样，我想直白地告诉你：我从来不期望自己的一封书信能够点石成金，文字的力量巨大，但还不至于大到能够瞬间改变一个人。我只是用这样的方式，向一个自暴自弃的学生清晰地传递了我的一个信号：我不想放弃你，我一直在努力，请你也不要放弃你自己。

第三个建议：

找到闪光点，重树自信心

有点难度，但是要尝试去做。因为自暴自弃的孩子很容易从量的积累到质的改变。比如从一开始的不做作业、不默写、睡觉，到后来啥都不学了，到最后辍学。

所以需要教师千方百计找到某个亮点去放大，去刷存在感，重建自信心。

你在文中提到他们有的爱打篮球，有的爱看漫画。这就是他们很显性的某个亮点。你可以尝试着对爱打篮球的人说："好好默写古诗文，哪天你们几个默得都全对了，我和你们打一场球。""上课要是都认真听，你们体育课打篮球的时候我来和你们玩一会儿。"对喜欢漫画的人说："好好默写，默完过关了把漫画书拿来和我聊聊漫画，给我长点见识。"

在马斯洛的需求理论中，获得他人对自己的赏识、发现自己的某种价值，是很高的精神层次的需求。一个老师对学生某方面亮点的赏识，可以激发学生的生活积极性，以点带面激发出对于其他事物的积极性。

我也想直白地告诉你：这样的做法一两次也许有用，但是时间长了，也许学生又会恢复到自暴自弃的老样子。毕竟对于他们而言，学习实在是一件太乏味无趣的事情。但至少你尝试过，努力过。你用这样的方式告诉他们：我是多么渴望你们能够有点进步，多么希望你们在学习上也能一闪一闪亮晶晶。

亲爱的儿子，写到这里，我想最直白地告诉你：每个班级总有那么一群学生是考不上高中的。

你期待着学生都能通过努力考上高中，希望读书能够让他们的未来有更多种选择。这是你美好的理想，是一个老师必须有的理想，这样的理想激发着我们不断努力，去激发学生的动力，去挖掘学生的潜能。这是我们应该做也必须要做的事情。

但我们也要告诉自己：要做好最坏的思想准备。也许我们很多的努力都会"落花有意流水无情"。这是教育中极其正常的事情，你这个教了一年多书的年轻教师面临着，我这个教了 29 年书的老教师面临着。

罗曼·罗兰说：世界上只有一种英雄主义，那就是当你认清了生活的本质却依然选择热爱生活。

我想这句话同样适用于教育。教育注定是艰难的，这是教育真实的本质，可我们这些做教师的，依然要竭尽我们最大的努力，在每个学生离开我们之前，我们的教育对他们永不放弃。

哪怕我们的心里，早已经无数次地想要放弃。

可我们的手却执着地紧拉不放。

这是一个教师的职业本能。

当学生因家庭阴影而放弃学习，怎么办

○ 一个教师既然已经知道了某个学生正处在人生的受伤害时期，就要尽力拉他向前。

新手案例

家庭阴影笼罩住了学生

最近办公室老师多次谈论到心理健康，因为每隔一段时间就会传出某某学校心理问题的学生出事，老师们也是闻而色变，我听到那些"恐怖而震惊"的事件，手不禁握紧。

实际上最近班级也有挺多事情发生，最引起我注意的是一个女生。有老师告诉我，我们班的一个女生在期中考试的时候睡大觉，喊她起来嘴边还残留着口水。

难道复习到深夜？猜测着是哪一位女生，老师告诉我后，我有点不敢相信，竟然是小恬。小恬平常算是个比较活泼的女生，成绩不大好，也不怎么努力。看来另有蹊跷。

我走在教室的路上，一边回忆着小恬的近况，的确有点反常，上课总是埋着头，每次点到她都是一脸茫然，感觉听不大进去。

推开教室的门，我第一眼往小恬的座位上望去，又是在睡觉，我摇摇头，示意同学去喊她出来，选了在走廊上一处有阳光照射的地方。

和她谈了许久，得知她最近家里有事情，隐约是父母吵架闹离婚。我长叹了一口气，也不能怪她，这晚上没睡好，白天强打起精神只会更累。我站在教室走廊窗外，看着小恬喝了口水又往桌上一趴。

祸不单行，之前睡觉的小宇终于也找到原因了，也是父母要闹离婚。

期中考试之后我将考试作文又讲了一遍，让他们再重新升格自己的作文，小宇没有交。下课找到他时，他正在走廊上玩耍，见我走来，他有点心虚。

"你知道自己为什么离你定下的目标差这么多吗？"

"嗯……"

上课的时候，我走到仍然趴着睡觉的小宇旁，推推他，小宇睡眼惺忪地抬头看了看我，继续睡，等大家安静低头记笔记时，我走到他旁边，写了"我等着你的作文"的便签纸，放到他身旁，心里想着尽力将他从习惯不学习的边缘拉回来。

小宇其实还是一个挺乐观的人，但也很有个性。长久的在学校不学习，在家又是面对那种很不和谐的环境，恐怕他的身心也会渐渐感到疲惫，按照小宇的性格，恐怕出现问题时会很极端。

两个孩子，一女一男，都是相同的问题，该如何是好呢？

于洁的建议

我是阳光

家家有本难念的经，谁家没有点儿事呢？可是班主任又不能僭越去管学生的家事。怎么办？

1. 旁敲侧击

每次开家长会，我都会强调两件事：

第一，做了父母，总要受点委屈的。比如夫妻闹矛盾，心里再不开心，也得忍住，在孩子面前不许吵架打架，否则会给孩子造成很多阴影。有些阴影甚至是一辈子都无法摆脱的。

第二，做了父母，孩子一顿早饭总要尽量弄好。一个家庭的温馨，有时就在一饭一衣上。不管夫妻闹怎么样的矛盾，但是你们的身份不仅仅是夫妻，更是父母，不要夫妻没做成，父母也做得不像，以后老了孩子怎么孝顺你？爱情不合适不等于亲情要割舍。

这样的话说得多几次，多少会给家长们留点印象，让他们在吵架时稍微有所收敛。

2. 倾诉沟通

每个人都需要一个倾诉的渠道和一个很好的倾听者。这个渠道是隐私的安全的，这个倾听是真诚善意的。对于那些在家庭里承受了很多负面情绪的孩子而言，他们更需要一个可靠的倾诉地、倾听者。

我印刷了《家校之桥》，里面的内容左页是《班主任日记》，右页是让学生记录每天布置的各科回家作业和学生的《每日一记》。和学生讲明白，这个《家校之桥》仅在我和学生之间来去，家长看不到，其他人也看不到。写的内容完全不做限制，只要是真心就好。

每天一大早，当着我的面，学生自己把《家校之桥》放在讲台上，我抱走。在办公室里我一一阅读，略作点评。写得不错的我打上五角星，隔一段时间就统计一下得星数，奖励一下。

有好几个学生在《每日一记》里提到了家庭中的琐事，父母吵架、家长不分青红皂白漫骂孩子、自己兄弟姐妹之间的矛盾，我都细细阅读，耐心安慰，不求一定要给出意见和建议，只求自己成为他们的倾听者，让他们的负面情绪有所缓解。

而我的《班主任日记》很受欢迎。写的题材很宽泛，有时候是班级里的一件感人的或者是开心的事情；有时候是我看到自然中某样东西引发的人生感悟；有时候是写我对某个亲人的怀念；有时候是我遇到一些沮丧的事情时我的处理……

在这样的日记里，我不再是一个端端的教师，而是一个充满七情六欲的普通人，喜怒哀乐与学生分享，也让他们成为倾听者，成为分享我喜悦、分担我忧愁的朋友。

这样做，是希望学生们从家庭琐屑中跳出来，打开他们的格局，转移他们的注意力，看到世界的宽广、人与人的更多交集。

有时候我会在《班主任日记》中写几句鸡汤励志，比如：

"宝剑尚未佩妥，出门已是江湖，后面的日子要努力啊。"

"你混日子，就是日子混你，最后的输家是你自己。"

"你喜欢岁月静好，其实现实是大江奔流。"

"1万小时的锤炼是任何人从平凡变成世界级大师的必要条件。"

"竭尽全力，翻山越岭，你将遇到一个多么优秀的自己。"

"现在这样努力，只是为了有朝一日，在面对生活的刁难时，自己有足够的能力去应付。"

"岁月不饶人，我也未曾饶过岁月。"

3. 弥补缺失

初中时期的学生，是很在意他人对自己的评价的。当父母闹离婚，对孩子缺少关爱时，教师不动声色的关心是可以产生一定的作用的。最好的关心是让孩子找到自己某方面的成就感，这样可以转移孩子在家庭生活中的痛苦感。这个寻找的过程也许不一定定位在成绩上。比如音乐、美术、体育等，家里父母闹离婚的孩子是很敏感的，教师再同情也不要总是流露出只有同情别无其他的空洞的同情，这样只会让孩子更加陷入哀伤与情绪低沉中。

教师要有所作为。孩子用上课睡觉、考低分等自暴自弃的方式宣泄内心的不满情绪，教师要接收到这样的信息，然后采取行动。比如找来家长提醒一下不要因为闹离婚而伤害到孩子；比如和孩子聊聊教师自己的人生经历；比如让孩子看看《名人传》；比如帮助孩子在某一门功课上取得一点点进步；比如在成绩之外的某方面表扬孩子的优点。

4. 我是阳光

和阳光在一起，多少会受到一点感染，身上有点暖意；和阴影在一起，心里都是凉凉的。一个教师既然已经知道了某个学生正处在人生的受伤害时期，就要尽力拉他向前。上课睡了觉，下课就叫到办公室单独补一下课。传达的信息是：我懂你，也理解你，可是我不能放任你。

如果没有条件让学生写每日一记或者教师写班主任日记的，教师可以采用小纸条或者书信方式，或者操场散步聊天方式，不动声色输入正能量。比如聊聊周杰伦啊，让学生说说自己崇拜的某个偶像啊，说点快乐的事情。

卸掉你铁板的面孔，露出你善意的笑容。

5. 无问西东

每个人终究有自己的路要走，也许你的很多努力终究无法换来学生的改变，那也就坦然接受这样的结局。教师要学会让自己的眼睛看到一些美好的快乐的东西。在教师自己情绪低迷的时候，学会让自己振作起来，快乐起来。

最近你收到了一封来自学生的信，你第一时间和我分享，看了真是喜悦。你所做的一切，学生都看在眼里的，所以只管努力去做一些事吧，只要心里想着是为学生好的，就只管做，不问结果。

教师要看到每个学生的闪光点

○ 能够多方位多角度看待一个人，这不仅仅是一个教师的专业性，更是一
个年轻人慢慢走向成熟的标志。

新手案例

每个人都有自己的闪光点

说真的，我现在渐渐怀疑自己以前的种种想法。如果没有这次社会实
践，我可能会坚信那句话"学得好的永远什么都好。"

一开始踌躇许久，终究还是决定和他们一起，去看看他们生活中的状
态，尽管不是最真实的那种。在准备出发去社会实践基地的最后两堂课上，
我仔细观察了他们的表情，期待中有兴奋，也有即将独自生活的苦闷，还
有人无动于衷。但是课堂的铃声一响起，他们如同鸟兽散，纷纷随人流奔
去整理自己的小行李。我心里暗叹，也不知道他们能不能照顾好自己。

实践基地的天气还是有些寒冷的，下车第一件事就是站在冷风里听教
官们训导，一个个缩着脖子，打量着新环境，如同来到新家的幼猫一般，
充满着好奇又时刻警惕。不一会儿，穿着大大小小新旧不一的迷彩服，倒
也一本正经像些模样，一个个如同小大人，我暗自好笑，待会整理内务看
他们怎么应对……

果不其然，男生的 6 个宿舍，各为一番天地。推门而入，满眼狼藉，
如果说杂乱无章是好的话，那有的宿舍可以说是群魔乱舞。但是我却从中

发现了一些亮点，当我在满地的床单被褥中难以下脚时，我看到忙乱的背后，小陆和小叶娴熟的身手。

　　小陆自己已经整理好内务，正在帮下铺的同学装被褥，别看着简单，实际上是一个技术活。只见小陆将被套正面铺平，对比长宽，一手拉被套，另一只手不慌不忙地往里塞被子，待到塞到一角，便嘱咐同学拿捏住一角，又开始了下一角的工作，他指挥这同学两手拉住被子的一角，往后一退，用力抖一抖，迅速铺平打结，封住进口，一来一去不到 2 分钟，整条被子少有褶皱，叹为观止。

　　谁能够想到，就在前天，他还是一个背一首古诗都要磨磨唧唧半天的人，大多数时候我们都嫌他做作业太慢，不论是老师和家长都反映过这个问题，于是联想到他做什么事都慢半拍，久而久之形成了这种固有的印象。但是刚才看到他却完全颠覆了这种印象，小陆也能做事这么有耐心而且做得又快又好。

　　小叶则同样娴熟，因为他之前的活泼好动使得他在同学们心中的印象就是一个小猴子，活泼好动，全然是一个小孩子心性。好在这一次的期中考试狠狠地打击了他，看得出来他下定决心要好好学习，孩子的心性固然是好的，但是也缺乏一些实质性的配合。我总觉得他还是小孩子，前不久还问我什么时候下一次语文考试，看他的表情，是一定要借这次考试争回一口气。小叶的父母常年不在家，所以小叶经常性的会一个人独自待在家中，现在看来，这样的经历有好有坏，能在这样的环境下还能有这么好的自制力和生活自理能力，可以想象小叶以后会是一个很会生活的人。

　　不去深入了解一个学生，就不会发现他们有这么多的闪光点。

　　这是我这次和学生一起参加社会实践活动很深刻的感想。

于洁的建议

这个发现将决定你未来的教育人生是否幸福

还记得你读初中的时候，有一次我对你说："你不要和某某玩了，你们老师告诉我这个某某是你们班级成绩倒数第一。"

你脸上的表情我至今记忆犹新，夹杂着不可置信与失望："妈妈，我没想到你也是那样的人。"

"啥样的人?"我吃惊地问，心里却一瞬间早已闪出了答案。

"没想到你也是只看学生成绩的人。成绩好的什么都好，成绩不好的什么都不好。"你噘着嘴很不满地说。

"那你倒说说看，这个某某好在哪里?"我有些懊恼地说。

"举个例子，每天班级里都会有个老人来收空饮料瓶，好多成绩好的学生都是远远地直接把瓶子丢进老人的垃圾袋里，某某却是把瓶子递给老人的。"你愤愤地为某某打抱不平。

"我错了，接受你的批评。某某人品不错，你可以向他学习；功课上你可以向其他很认真的同学学习。"我说。

你对我摇了摇头，大概是觉得我的话重心在后半句，所以用对我很无语的样子回复了我的话。

你不知道，有很长一段时间，我总是困惑一件事情：到底哪一个 TA 是真正的 TA?

任课老师向我反映张同学上课要么讲闲话要么一直睡觉，每次都是刚上课没多久就睡着了，很影响老师上课的情绪，对边上的学生也产生了不良影响。

当这个老师上课后不久，我悄悄去教室窗外向内张望，果然张同学趴在桌子上，和周围认真听课的同学很不协调。

我心里的火开始噌噌噌上来，很想马上喊醒他，可是隔着窗户，任课老师又在讲课，总不能打断任课老师吧。算了，让他睡吧，不影响到到其他学生就好。等下课后再收拾他。

正这么想着，张同学倒醒过来了，无聊地玩着桌子上的笔袋。一瞬间他突然发现了站在窗外的我，悄悄地调整了坐姿，终于开始装出认真听讲的样子。

我心里叹口气：这门功课，他别想及格了。本来就已经是全班倒数，现在更是雪上加霜了。

下课后我走进班级，他面无表情地站在那里，似乎是等着我去训他的样子。看来他已经做好了挨批的准备，那么子弹飞飞是没有用了。

"去帮我门卫拿个快递吧。"我说。

他立即松了口气，飞奔而去，一会儿工夫，手脚麻利地搬了我的快递到办公室，很细心地放在办公桌一角，感觉不大牢靠，又小心地重新放妥。

那一刻，我的心里转着一个念头：到底哪一个 TA 是真正的 TA？

这些年来，这样的学生时常遇见，有时候班级里不止一两个，甚至有时会有十来个。他们的成绩真是拿不出手，有些功课甚至是个位数。有的还上课爱讲闲话，有的闷声不响。

但往往又是这样一些学生，劳动时最积极，帮老师干活时最出力，运动会上能争分，若干年后和老师亲亲热热客客气气很尊重的样子的，也是他们。

如果一个老师的眼睛里只有成绩，看见这样的学生必定气不打一处来；

如果一个老师的眼睛里还有其他，看见这样的学生必定会疑惑又叹气。

我曾经很努力很努力地帮助过这样一些学生，用到了十八般武艺，想要提高一点他们学习的兴趣，却常常是有一点点起色了又很快来个大滑坡，搞得前功尽弃。

而后来，他们就那样毕业了。

于是我安慰自己，也许他们真的只能平安毕业就好了。

而现在，我不会再疑惑，我想明白了一个事情：

在现行教育体制下，对于这个年龄的学生而言，学习成绩是重中之重，老师家长都盯着，但是他们真的是学不来。有的确实是接受能力的问题，有的是意志品质里完全没有学业上的拼搏精神，因为实在对学习不感兴趣，因为实在是以前的基础太差现在跟不上了。

若是老师盯着他们的成绩，那就是彼此折磨，彼此痛苦。

若是老师不盯着他们的成绩，任由他们睡觉不学，那就是完全放弃，只会更加糟糕。

唯一可以做的，就是继续盯着，在他能够提升的那一点点上盯着，多一分是一分；

在学习以外的地方，让他找到一点存在感和幸福感。起码做到一条：不门缝里看人，把 TA 看扁了。

很高兴你通过这次社会实践活动，看到了 TA 们学习以外的东西，这一眼看到，直接决定了你今后的教育生活能否幸福。

世界上没有一个人不是多面的，没有一个人是一无是处的，没有一个人是十全十美的。这是我们都知道的常识。但一旦一叶障目，就会瞎子摸象不见全部，教育就会走到偏路上去。老师看见 TA 这样的学生就会越看越来气，最终师生相看两厌。

祝贺你终于在工作一年后看到了完整的学生模样。

以后和这样的学生交流时，话题就不会仅仅局限于默写、考试、成绩；和学生的家长交流时也不会再除了通报学习成绩和学习态度后再无言语。

妈妈为你高兴。能够多方位多角度看待一个人，这不仅仅是一个教师的专业性，更是一个年轻人慢慢走向成熟的标志。

2019 年 11 月 28 日，值得纪念。

当教师产生职业倦怠感，怎么办

○ 职业倦怠感是职业的影子，紧随其旁。当你有勇气承认它，就有能力对待它。

新手案例

我也曾多次产生职业倦怠感

一年来，当我写下一篇篇教育叙事，把一个个事故以故事的形式说给大家听，我很担心读者会产生一种误解，似乎我的职业生涯第一年走得很顺，似乎我这个人特别阳光开朗、天塌下来也能笑眯眯地顶着，似乎我有个做老教师的母亲我就能兵来将挡万事不愁。

不，我和你一样，也曾多次产生职业倦怠感。

仔细回想一下，我的倦怠感可能出自以下几个方面：

第一个，作为 95 后，我经历过无忧无虑的大学生活，我时不时还幻想自己仍在大学没有任何压力，全身心的放松，和现在的紧绷疲惫形成了鲜明的对比，所以我潜意识地想要回到大学那种生活，而身体却又不得不因为责任而工作，使得心理负担加重，从而产生了职业倦怠感。

第二个，虽然有那么多的教育故事，那么多的教育方法从老教师那边源源不断地汇聚，不用耗费太多的脑细胞去想怎么办，只需要照着做，但是每个人都希望自己的努力获得回报。尽管自己心里想着教育是耕耘，很有可能颗粒无收，但是仍然期待着能够有所收获，那种落差感使得我身心俱疲，尤其是对待那些半吊子的学生，拉不动，扯不动，使得自己心很累，加重了职业倦怠感。

第三个，当德育方面有点成效时，因为自身是新教师，虽然学科教学成绩方面的平均分和老教师相差不大，但是心里暗暗比较下来，会暗想那些德育是否有用，是否应该把时间都用到狠抓成绩上去。我隐隐感觉到自己的教学成绩不是很拿得出手，担心着会不会耽误孩子的中考成绩。期中质量分析时，我会仔仔细细地在全年级每个孩子的分数中寻找我教的学生，把他们的语文成绩圈出来，睁大眼睛看我教的语文有没有拖 TA 的后腿。如果是，我会叹一口气，想方设法帮助 TA 把短板补全，但往往急功近利，反而让孩子失去信心，或者让自己束手无策。

第四个，对于教学的迷茫也有一些，面对全新的课文，尽管有着备课组集体备课，教案分享，听老教师的课，我仍会觉得自己有些生疏。教两个班级，后上的班总会比先上的班级效果要好，因为会总结第一个班级出现的问题，所以我在心里会隐隐对先上的班级有些抱歉，认为自己亏欠了他们，只能尽可能地在作业和练习中弥补。

我常常认为自己很幸运，因为我的同学被分配到了高中，早上 5 点爬起来，晚上很晚才回到宿舍睡觉，在我抱怨的时候，他也在向我倒苦水，我们俩只能执手相看泪眼……

但是我发现他分享的生活动态都是一些美丽的植物，或者是课堂上一些有趣的场景，常常让我看了微微一笑，扫去些心底的阴霾。所以从他身上，我领悟到了点什么。

这个学期带初二，回顾开学来的这几个月，虽然感觉自己挺辛苦的，但是似乎每个月都有一些值得期待的事情：9 月的秋游活动，10 月的假期，11 月的社会实践活动，以及现在 12 月的东南大学培训，身边都是一些年轻教师，和我一样，怀揣着教育的理想，奋斗在教育教学一线。可能有些人比我更辛苦，有些人比我更努力，但我总是能看到他们开怀的笑容。

当我写下这篇文字的时候，你是否有了感同身受，明白这世上没有谁是命运的宠儿，明白大家都是一样的艰辛煎熬。

母亲说教育是度人度己。我想她说出这样的话来，一定也和我们一样经历了教育的九九八十一难，才有了今天的笃定坦然。

你我都在漫长的修炼路上。

于洁的建议

教育路上有太多的爱而不得

儿子，看到你这篇文字，妈妈流泪了。

离开无忧无虑的大学校园，走上一个职业岗位，到底意味着什么？

我想，是离开一个可以躲雨的地方，从此，自己就是那个屋檐了。

我想，是终于看清了自己的普通，从此不再自命不凡，开始品尝失败落寞。

我想，是渐渐明白对别人多么苦口婆心，也会不被领情，良言当成耳边风，你只能一次次地忧伤在爱而不得里。

爱学生，需要勇气、努力、智慧；承认自己的爱而不得，更需要勇气。

我们的职业倦怠感，源自内心的挫败感。

很努力了，但考出来的成绩并不是很好；

很尽力了，但总有一些学生上课一直在睡觉；

很真诚了，但总觉得有人在背后风言风语……

王尔德说："挫败，是灵魂的试炼场。"

妈妈也曾很多次挫败，也曾很多次想要放弃，也曾有很多次黯然地坐在黑暗中，觉得自己心痛得无法呼吸。

有很多事情、很多感受，是无法诉说的，任何言语都无法安慰，因为事是自己的事，感受是自己的感受，这世界上，除非你真的同样经历，否则真的没有感同身受。

那时候，支撑着我的是但丁《神曲》中的一句话："你注定辗转，但终究不死。"

在初读《西游记》时，我总觉得沙僧这个人是多余的，存在感很低，没有悟空的天赋能力，也没有八戒的幽默搞怪。人到中年，才发现他才是最接近我们的人。

他有过极大的委屈。无心之失打碎琉璃盏，被囚流沙河；忍饥挨饿，每七天还要经受飞剑穿胸的酷刑。用生不如死形容也不为过。

他有过极长的寂寞。直到他遇到唐僧。在悟空和八戒面前，他相形见绌，又一次经历孤独。

成熟与孤独是成正比的。路，自己走；事，自己扛。你虽然有妈妈一路陪伴，比别人多听到一些过来人的经验，但妈妈心里很清楚，你的路是自己的路，妈妈无法代替你去走。而有时候，妈妈的存在，也许会给你带来更大的压力。

很多年前，妈妈被别人介绍总是"某某的女儿"，我虽心里不情愿但也没有办法，唯一的办法就是抛开所谓的包袱，别把这些太当回事，这事也就那样了。刚工作那段时间，妈妈也曾非常孤独，因为经历了你文中所说的种种，又要面子不肯与人诉说，闷在心里沉甸甸的。

叔本华说："要么孤独，要么庸俗。"

马尔克斯的《百年孤独》中说："当我们对痛苦无能为力时，唯一能做的，就是等待那些痛苦慢慢走远。你会在拐角遇到幸福。"

亲爱的儿子，对于一个教师而言，痛苦之一便是职业的倦怠感，它让人变得孤独、敏感、消极、沉重、无力。妈妈想告诉你，职业的倦怠感是职业的影子，紧随其旁。当你面对阳光，发现职业的幸福感时，职业倦怠感并没有消失，它藏到了你的身后；当你背对阳光时，你便清晰地看到它高高大大出现在你面前。

　　走到今天，妈妈已经习惯了与职业倦怠感相伴而行。有勇气承认它，就有能力打老鼠一样对待它。

　　马尔克斯说："人生短短几十年，不要给自己留下什么遗憾。想笑就笑，想哭就哭。不要压抑自己。人生的苦闷有二：一是欲望没有得到满足，二是欲望得到了满足。"他的话用到教育中，也很贴切。不要因为自己发现有了职业倦怠感而沉重慌乱，告诉自己，没关系，妈妈现在就和职业倦怠感坐在一起。

　　谢谢你，儿子，对妈妈不遮不掩不瞒，告诉我真实的心境。

　　放一首轻轻的音乐，捧一杯淡淡的咖啡，在太阳底下坐一会儿吧。

教师要有一双善于发现的眼睛

○ 教师要学会用一双善于发现的眼睛看待学生的一切。

新手案例

遇见不一样的他们

当学生跳出他们固定死板的生活时，你就能遇见不一样的他们。

社会实践不仅将他们从枯燥的学习生活中解放出来，更将他们从家长的重重保护中拉开。

学生会对一些新奇的事物产生极大的兴趣，可是如果老师不对眼，学生学不好；教官不对眼，学生同样也学不好。

小雨成了我们班第一个挨教官批评的学生，小雨平时就比较懒散，宛如一个毫无生气的娃娃。这次要求她走正步，大声报数，她便成为众矢之的。

凡是我旁听的，涉及每个学生活动的课堂，小雨躲不过要被说一顿。报数时有气无力，引起了教官的反感，我在旁边看到她之后几乎一次比一次没劲，眼皮耷拉下来，眉头往下塌，肩膀是松垮的，手缩在袖子里，成了方阵里的一个不和谐的符号。

细细回想，若是我之前在学校里，发现她在我的课堂上是这副样子，我肯定会提醒她注意听讲，打起精神，我提醒她时语气不强，她也是有点散漫。现在教官很是严厉，她还是懒懒散散，那么她是软硬不吃？

记得她曾经"爱"上高年级那个男生时，听说他的考试作文题目，激动地向我打听怎么去分析这个题目，那亮亮的眼神我还记忆犹深。或许只有她喜爱的事物，她才会用心去对待吧。我心里盘算着如何继续观察她，期待能够找到某样能够让她提振精气神的事情。

教师也可以在这里的课堂中罕见地看到好学生受挫，比如电子打靶，每个人有十次打靶的机会，当那一组同学基本都打完时，小萱还在努力地瞄准，可是每打一次，旁边的电子提示音都会刺耳地响一声"脱靶"。小萱的耳根渐渐地红起来了，但是她仍在专心，可就是这样的"专心"使她忽略了一件事，大家都在等她。她也没有听出教官的话外之音，意在催促她赶快打完，不然其他同学都没时间打了。

经过漫长的等待，她失落地放下枪，回过头大声地报出自己"0"环的成绩，大家却有点不耐烦了，可当她仔细看了看大家的眼神，好朋友又在她耳旁小声地提醒，她顿时眉头紧皱，十分不好意思地轻喃："对不起。"

看到她这么自责，我赶快提高音量安慰她说没关系的，小萱也提高音量又说了次"对不起"，好在小萱平时都在帮助同学，与人为善，这次也算是一个小插曲，小萱的印象在我心里本就很好，这下更加赞赏她了。

令我另眼相待的是小胖和小韵，他们俩平时不怎么冒头，小胖更是成绩垫底的孩子，平时学不进去，就帮助老师干点事情，师生关系慢慢变好了，成绩反而上来了。这次更让我看到了小胖的长处，小胖打靶成绩名列前茅，我看到了小胖站在台前自信地接受同学们的掌声，脸上的表情很是微妙，我第一次看见他这样的神情，是发自内心的自豪。我盯着小胖看了许久，他骄傲地小下巴一昂，朝我咧嘴一笑，我点点头，表示对他的认可。

所以的的确确，你能够发现任何一个孩子身上都有着无数闪光点，虽然有多有少，但是只要抓住机会，不断地去观察学生，总有惊喜发现。

正应了妈妈的那句话："巧妇难为无米之炊，这时候就要考验你去不断地观察学生了。"

于洁的建议

老师有一双神奇的眼睛

牛的眼睛看人，觉得人比牛大；鹅的眼睛看人，觉得人比鹅小。

如果一个老师用牛的眼睛去看学生身上的某个缺点，哇，大得不得了！以后想起这个学生，满心满眼都是那个缺点，再也看不到优点了。

如果一个老师用鹅的眼睛去看学生身上的某个优点，唉，小得一点点！都被缺点盖住了。

不得不承认，在学校里，老师一天到晚和学生的学习打交道，时间长了，对学生的了解真的仅限于成绩了。

TA有什么才艺？喜欢看哪一类的书籍？好朋友是哪些人？在家里和父母相处如何？会做家务吗？崇拜的偶像是谁？对老师们的评价是什么？喜欢吃什么菜？吃辣吗？

尤其是那些成绩很差的孩子，教师每次把他们叫到身边来，要么指责他们不遵守纪律，要么批评他们作业潦草马虎，教师虎着一张脸，哪有心情和时间去和他们聊些别的？

但到了素质教育基地，离开了书本，不用做作业，不用谈成绩，似乎每个学生都有点不一样了。

有老师说："不谈分数，每个学生都挺可爱的。"

也许不看分数的时候，我们用的是人眼。

我们看到那个上课时老师打瞌睡的了无生气的学生手脚麻利地铺床叠被，自己搞完了还帮着其他人；

我们看到那个自卑怯懦的学生扛着枪眯着眼打靶，整个人焕然一新，仿佛扛了很多年枪一样，轻车熟路；

我们看到那个平日里漫不经心几乎不参与班级卫生工作的学生在寻找无线电发射源的时候稳当当地呈现出领袖气质，带着一群小组成员一路搜寻，很快有所发现；

……

他们怎么就像换了个人一样？

其实，他们就是这样的人，改变的是我们观察的眼睛。

记得十一二岁的时候，我很沉默，在父亲耀眼的光环面前（他是个很受人赞赏的高中数学老师）我黯然失色。有一天家里要在阳台上装个电视机天线，父亲一个人没法弄，要我扶一把以便用铅丝固定它。也算是无意中吧，父亲突然问我："你觉得装在这个位置行吗？"

我有点受宠若惊，这么大的事情父亲居然问我的想法，征询我的意见。我考虑后说："最好装在那边一些，不然晒被子会不方便。"

父亲居然听从了我的意见，装在了我说的位置。后来我每次看到这个电视机天线，都觉得莫名亲切，因为那是我的主意。

而我对这件事记忆犹新，是因为父亲征询我意见的那一刻，我感觉在他眼里我不是小孩，而是一个和他平等的人。

我想，每个人都应该是很在意这一点的。

而我们做了老师，却时常因为自己是传授知识的身份，小看了学生的能力，放大了学生的缺点。

前几天，我给班级里买了两盆菊花，一盆花朵像绿色的乒乓球，一盆花朵像紫色的萝卜丝，煞是好看。

在招募养花志愿者时，小坤举了手，我想也好，他上课爱讲闲话，不如找点事情给他做做。我心里想着菊花应该是耐寒好养的，只要浇浇水就好了。

谁知才三四天，绿色的菊花还挺神气的，紫色的就开始叶子发蔫耷拉下来了。

小坤很着急，要我上网搜索养菊花的注意事项，我俩这才知道菊花居然喜爱阳光，要放在温暖向阳的地方，也不能每天浇水，只要一周一次就好。小坤立即把菊花从北窗台搬到了南窗台。

第二天，花盆里出现了一把小铲子，他给菊花松了土；今天中午，他又把菊花搬到了阳光充裕的走廊里，傍晚阳光消失后他又搬到了南窗台上。

我看着他忙碌的背影，心里很是诧异："想不到他居然是个心细如发的男孩子。如果不是这样一次机遇，也许他给我留下的印象就永远是个不遵守纪律的成绩上不去的学生。"

班级还有个女孩小蓉，成绩虽好，但是人总是冷漠的样子，时常犯迷糊，比如自己是课代表可是收了别人的作业自己的却没交，我看她那样，似乎就是管好自己的成绩也就好了。听说她的家长也是只关注她的成绩，成绩好了就炫耀，成绩退步了就打骂。我心里想着难怪她很冷漠的样子，估计心思也就是管好自己的成绩就好了。

前些天我去班级里回收塑料瓶的垃圾桶丢个瓶子，发现翻盖坏了，我装了一下没装好，想想就算了，反正也不碍事。可是到了傍晚，却看见翻盖被修好了。心里很惊讶，问学生是谁修的，大家都不知道谁不声不响做了好事，小蓉举起了手，居然是她！我心里暗暗吃惊，幸好没有牛眼鹅眼看她，赶紧赞叹说："你真厉害！我修了一下没修好，你动手能力很强，心里有这个班级，很好！"

这些日子，班级学生结对子讨论数学和物理，小蓉成了很热门的答疑小老师，学生们也在"每日一记"中多次赞扬她的讲解清晰、为人友善。

儿子，当我看你文中的小雨时，我看到你在思考如何找到一个能够激发起她的热情的点，我想也许你用我父亲说过的那句话"你觉得……行吗"，以此让小雨感受到你对她的平等与器重，而不再提起她的无精打采，也许会有所收获。

也许我们和学生多用这样一些话说话，会让学生感觉我们是用人眼看他们。

"我们一起来看一下。"

"我理解，换了我也许也会和你一样。"

"我有个建议，你看行不行？"

教育应该是完整的，不能仅停留在学校课堂上讲解知识；

师生应该是平等的，不能用牛眼鹅眼看待学生的优缺点；

师生说到底是人与人之间，那就用一双善于发现的人眼来看待学生的一切吧。

后记：世上无难事，最难是坚持

儿子的话

其实，母亲第一次提出让我写教育叙事的时候，我是不抵触的。"于洁沙龙"2012年成立的时候，每周三晚上八点到十点雷打不动地讨论，母亲有时候会对着电脑啧啧称赞，那时候的我还是个高中生，常被母亲抓到电脑前看沙龙成员们写的教育叙事。母亲说："真实的东西最有震撼人心的力量。"沙龙成员也许不知道，我这个编外人员是他们的教育叙事的第一读者。

到了师范大学里，母亲的压缩包总会在周三前抵达我的QQ，她又搞出了新花样，隐匿了一大堆教育叙事的作者名字，让我评选最佳叙事。她总是对我说："你刚从基础教育离开不久，你最有资格判断一个老师的字里行间是否有真实可信的情感。"

她当然也让其他人做评委，每次最终评出最佳叙事时，她总会第一时间告诉我："你的眼光还是很不错的，你看中的那几个得票都很高。"

至今我没有问过她是有意还是无意，让我看、让我评，让我从高一开始就每周被一堆教育叙事砸晕一次。反正，我就这样很早知道一篇好的教育叙事是怎样的了。甚至，那些我从未谋面的作者，他们的性格脾气、带班风格，通过一篇篇教育叙事，真的是见字如晤了。

水到渠成，我做了老师；理所当然，工作的第一个月手忙脚乱一阵后，第二个月喘息稍定，我加入了写教育叙事的队伍中。

年轻气盛吧，看了那么多教育叙事，就像看了金庸的一大堆武侠小说，总觉得自己也有一身轻功能飞檐走壁了。我甚至带着一种有啥了不起我也能写出好叙事的心理，新接一个班级素材不要太多哦。

速度很快就生了一个我自己的"娃"，母亲手脚麻利地修修改改，发来一个笑眯眯的表情，表达赞赏。我心里有点不笃定：母亲是个"老脚色"（在工作上的厉害人），她的笑眯眯到底是真的欣赏我的作品还是出于对一只菜鸟的鼓励？

QQ上很快就飞来了一篇她的点评，有由衷的赞赏，也有诚恳的意见和建议。没有当妈的唠唠叨叨，没有老教师的盛气凌人。妈依然是那个妈，在菜鸟面前，老班是诤友。

她笃悠悠地告诉我：

"咱们这样的母子共写，国内很难找出第二个哦。"

"《班主任之友》说给我们开专栏，干不干？"

"要真是答应了，那真的要坚持哦，不然人家栏目要开天窗的，那是严重的工作事故了。"

"咱俩互相督促吧，我比你忙，更容易掉链子哦。"

"《班主任之友》编辑表扬你了，说你写得不错嘛。"

"稿费收到了吗？咱们去吃香辣蟹吧？"

得，她老人家的风格就是："来嘛，别怕，我陪着你，肯定没问题。"

这一来，就是整整一年。

其实写到第15篇的时候，是有点"白头搔更短，浑欲不胜簪"的感觉的。班级里那些个性很鲜明的人物写得差不多了；一日日的教育教学渐渐变得熟悉平淡；我那些从书本和老教师那里学来的雕虫小技基本搬弄完了；我站在教室里对着学生默默地看，心里盘算着还有哪个可以写写，无奈对他们真的不是足够了解，巧妇难为无米之炊……

母亲在客厅里喊我："你自己做个封面吧，我已经把你的15篇排版好了，插图都搞上去了。"

啥？她想干吗？等我把封面做好，她居然用一根缝衣针把打印出来的15篇教育叙事缝成了一本线装书。一式三份，说："走，送一本给程宏衍老师去。"

程宏衍老师是她的忘年交，70多岁了，拿着我的这本线装书，不停地说："不容易的，能坚持下来，真的不容易的。"一转身，搬出来了一堆本本，竟然是这么多年来他手写的或者打印出来的教育教学心得笔记。有的封面是纸做的，有的封面是硬板纸糊的。

我心里是震撼的。

想起母亲常对学生说的一句话："你若要进步，千军万马都挡不了你的路。"

亲爱的读者朋友，与其说是你们在看我的教育叙事，不如说是你们激励了我这只菜鸟的飞翔。在这些教育叙事中，我把最真实的慌张、窘迫、无奈、不知所措，都展现在你们面前，也把我自己的探索、实践、小成功、小失败，和盘托出。

是你们不离不弃，包容了我，陪伴着我，走过了教育生涯的第一个年头。我该怎样感谢你们？唯有继续努力，坚持再坚持。

一年来的撰写教育叙事，明明白白地教会了我一个最朴素的道理："世上无难事，最难是坚持。"

这个道理不仅仅适用于撰写教育叙事，也适用于我们与学生的朝夕相处，适用于我们对待人生的态度。

妈妈的话

当岁月让我成为一名老教师

2020年，岁月让我成了一名工作了30年的老教师。

　　我时常问自己：要做一个怎样的老教师？要成为一个在年轻教师眼中怎样的老教师？

　　想起自己的菜鸟班主任时代。

　　班级的某门功课很差，正好有一节自习课，赶紧去问老教师："你要不要去弄一下？"

　　教着两个班级还做着班主任的 TA 给我的回答至今记忆犹新："我不会多上一节课的，你们班级我只要完成 60% 的及格率就可以了。"

　　我虽是菜鸟，可我懂，我知道教两个班级的人最后的综合考评是只看那个分数高的班级的。教两个班级哪怕有个班级是倒数第一，但只要另一个班级是前几名，也是好的。倒数第一那个，就怪那个班级的班主任不给力就行了。

　　班级的某个男孩偷了办公室的奖品——一摞硬面抄，后来抵不住内心的矛盾纠结，自己又悄悄还了回来。有错能改，还是好学生，我心里这样想着。可是学校还是决定给他处分。菜鸟老师能说什么呢？菜鸟老师不敢说话，找来男孩的父亲，趁处分还没有下来时让他赶紧给孩子办转学。因为男孩对我说过将来要当兵的，我不想他的档案里留污点。男孩转学了，也许一辈子都认为自己是因为偷了东西被我讨厌了所以要逼着他转学。这个锅，我不能辩解，只能背。

　　当年的菜鸟，是怎样熬过来的，每次回想都忍不住热泪盈眶。

　　批评了学生，害怕学生和社会上的人联合起来报复我，回家的路上常常要回头看，怕人盯梢；

　　为了自习课的纪律，软的硬的都用过，还是没用，说白了就是没有因为气场，学生看你年轻欺负你。私底下哭过好几次，觉得自己很没用，一个纪律都管不好。等自己做了老教师才知道，自习课的纪律是天下老师的疑难杂症，能管好的真的很少。

　　为了后进生的学习成绩，菜鸟的我做过各门学科的老师，恨不得自己长出三头六臂，把他们都教会，实在不希望他们在课堂上啥也听不懂呆若木鸡。而事实的结果是我没有三头六臂，帮得了一天，帮不了三天。最后灰头土脸只能放弃。那种深深的挫败感无力感，一生难忘。

为了不让学生的学习生活太过单调，菜鸟的我牺牲自己的休息时间带着学生一路步行去乡镇，沿着铁轨去远方，冬天去看大湖里雪浪滔天……如今回想，总是后背上汗毛竖起，后怕不已。

菜鸟的我也曾听见过老教师背后的议论，有些话尖酸刻薄很是难听；也曾被同为年轻教师的伙伴误解，以为我想要爬上去当官。

菜鸟的我曾被搭班的老教师当面用不客气的语气说："你们班级啥啥啥，你们班级的某某某啥啥啥……"仿佛学生的一切问题都是我这个菜鸟班主任的错。

……

如果不是心理强大，一只菜鸟早就翅膀折断无力飞翔，也许早就挖空心思找个理由怎么也不愿意再做班主任了。

如今，眼睛一眨，自己成了教了30年的老教师，做了29年的老班主任。两万五千里长征走到了哪一程？

我问自己，要做一个怎样的老教师？要成为一个在年轻教师眼中怎样的老教师？

儿子也做了老师后，站在这只菜鸟面前，我的心疼得厉害。我当年煎熬过的一切会在他身上重演吗？

为新教师们培训时，看到一张张朝气蓬勃的年轻脸庞，我仿佛看到了当年的自己，剪短了一头长发，像个运动员一样跑向自己的班级，老教师们说："看，学校新来了一个体育老师。"

我决定为年轻教师们做点什么，我想成为年轻教师们的知心人、可靠港湾。也许我不能给你切实有效的方法，但我至少能倾听你的委屈和艰难。

带领我的工作室成员和沙龙成员，开通了抱团取暖"树洞"，只要看到"树洞"里有求助邮件，一定第一时间回复。

出版了《一线教师最头痛的问题见招拆招》，用最真实的案例和点评告诉年轻教师不要慌张，你遇到的问题我们都遇到过，跟着我们一步一步走。

印刷了《农村地区班主任工作实操手册》，把有可能遇到的突发事件一一罗列，把处理步骤按照次序一个一个告诉年轻教师。

建立新教师群，把工作室成员和沙龙成员们撰写的教育案例发上去，有可能年轻教师也会遇到这些事情，那就看看老教师们是怎么做的。

……

亲爱的儿子，我是多么地感谢你！母子连心，心有默契。你以一个菜鸟的身份，把你的教育如实记录。你的一篇篇教育叙事中，有你教育过程中的慌乱、困惑、焦虑、无奈、无力、沮丧，也有惊讶、喜悦、欣慰、思考。

你的既是我儿子又是一个年轻教师的双重身份，让我开启了既是母亲又是老教师更是知心朋友的新旅程。

44篇，难忘的记忆。

每次收到你的教育叙事，我都迫不及待地阅读，找出一切空闲时间尽量第一时间回复。有时已经回复后又想到了什么，就赶紧给你发消息补充。

在你身上，我清晰地看到了年轻教师的好学上进与努力成长。尤其是看到你行文越发流畅，对学生的观察越发完整细腻，对教育的理解越来越全面深刻，我的心中充满喜悦。

我走过的弯路，我内心的彷徨，我真心地与你分享。你如果没有走过我走过的弯路，我为你庆幸；你若还是走了弯路，也是正常，坏事常常会变成好事，不到最后，谁也说不出结果。而我心中更明白，有些彷徨，一定会有，也必须有。

"天将降大任于是人也，必先苦其心志，劳其筋骨……行拂乱其所为，所以动心忍性，曾益其所不能。"孟子的话，用在年轻教师身上，很是妥帖。

年轻的教师们，不要怕。也许你做得不错，一出手挺顺利，那真是幸运，值得珍惜；也许你做得很不顺，甚至被领导批评指责、被同事背后议论、被老教师说三道四，没有关系；我知道你早出晚归，我知道你费尽心思，我知道你心里很委屈很焦虑，都没有关系。谁不是一路跌跌撞撞走过来的呢？谁不是一路摸爬滚打满身泥浆的呢？

儿子，正如你所说：天下无难事，最难是坚持。

年轻教师，强大你的内心，坚持你的努力，学习你的同事，付出你的心血。

坚持到底就是胜利！